接続助詞ケドの
発話解釈過程と談話展開機能

永田 良太 NAGATA, Ryota

渓水社

目　次

序　章

0.1　研究の目的 …………………………………………………………… 3

0.2　本書の構成 …………………………………………………………… 5

0.3　本書における会話例の表記 ………………………………………… 6

第1章　接続助詞ケドに関する先行研究

1.1　接続助詞ケドの用法 …………………………………………………… 7

　1.1.1　先行研究における用法の分類 ………………………………… 7

　1.1.2　逆接用法 ………………………………………………………… 9

　1.1.3　対比用法 ………………………………………………………… 11

　1.1.4　前置き用法 ……………………………………………………… 13

　1.1.5　提題用法 ………………………………………………………… 15

　1.1.6　挿入用法 ………………………………………………………… 17

　1.1.7　終助詞的用法 …………………………………………………… 18

1.2　接続助詞ケドのバリエーション ………………………………………20

　1.2.1　「書き言葉的－話し言葉的」観点から見た使い分け …………22

　1.2.2　「改まり度」から見た使い分け ………………………………23

1.3　接続助詞ケドの用法間の関係に関する先行研究 …………………26

　1.3.1　松本（1989），Itani（1996）の考察 …………………………26

　1.3.2　山崎（1998）の考察 ……………………………………………28

　1.3.3　尾谷（2005）の考察 ……………………………………………29

　1.3.4　伊藤（2005）の考察 ……………………………………………31

1.4　本章のまとめと接続助詞ケドに残された問題 ……………………32

i

第2章　接続助詞ケドの用法間の関係

2.1　関連性理論─発話解釈に関する語用論的枠組み─……………36

　2.1.1　文と発話………………………………………………36

　2.1.2　関連性理論……………………………………………37

　　2.1.2.1　推論………………………………………………37

　　2.1.2.2　文脈効果…………………………………………39

　　2.1.2.3　処理労力…………………………………………40

　　2.1.2.4　関連性の原則……………………………………42

2.2　発話場面から見た接続助詞ケドの用法間の連続性…………45

　2.2.1　発話場面から見た各用法の解釈過程…………………45

　　2.2.1.1　逆接用法の解釈過程……………………………45

　　2.2.1.2　対比用法の解釈過程……………………………49

　　2.2.1.3　前置き用法の解釈過程…………………………54

　　2.2.1.4　提題用法の解釈過程……………………………57

　　2.2.1.5　挿入用法の解釈過程……………………………60

　　2.2.1.6　終助詞的用法の解釈過程………………………62

　2.2.2　解釈過程から見た接続助詞ケドの用法間の関係……67

　　2.2.2.1　接続助詞ケドの用法間の共通点………………67

　　2.2.2.2　「棄却」と「抑制」の関係……………………69

　　2.2.2.3　発話解釈における連続性………………………70

2.3　接続助詞ケドによる「抑制」の特徴

　　─接続助詞カラとの比較を通して─…………………………72

　2.3.1　「理由を表さない」カラと接続助詞ケドの共通点……72

　2.3.2　「理由を表さない」カラの特徴………………………74

　2.3.3　カラによる「抑制」とケドによる「抑制」の違い……76

2.4　本章のまとめ……………………………………………………79

第3章　談話のトピック展開と接続助詞ケドの関わり

3.1　談話におけるトピックの特徴 ･･････････････････････････････････81

 3.1.1　文のトピックと談話のトピック ･･････････････････････････81

 3.1.2　トピック内の語彙の意味的連関性 ･･････････････････････82

 3.1.3　トピックの開始と終結に見られる言語表示 ･･････････････83

 3.1.4　談話におけるトピックの展開構造 ･･････････････････････86

3.2　「自由談話（話し言葉）」のトピック展開と接続助詞ケドの関わり･･･88

 3.2.1　分析資料 ･･88

 3.2.2　自由談話におけるトピックの展開構造と接続助詞ケドの出現位置 ･･･88

  3.2.2.1　自由談話におけるトピックの展開構造 ････････････････88

  3.2.2.2　トピックの展開構造における接続助詞ケドの出現位置 ･･････94

 3.2.3　接続助詞ケドと自由談話のトピック展開との関わり ･････････97

  3.2.3.1　逆接用法，対比用法と自由談話のトピック展開との関わり ･････････97

  3.2.3.2　前置き用法，提題用法と自由談話のトピック展開との関わり ･･････････････････････100

  3.2.3.3　挿入用法と自由談話のトピック展開との関わり ･･････105

  3.2.3.4　終助詞的用法と自由談話のトピック展開との関わり ･････109

3.3　「社説（書き言葉）」のトピック展開と接続助詞ケドの関わり ･････112

 3.3.1　分析資料 ･･･112

 3.3.2　社説におけるトピックの展開構造と接続助詞ケドの出現位置･112

  3.3.2.1　社説におけるトピックの展開構造 ････････････････････112

  3.3.2.2　トピックの展開構造における接続助詞ケドの出現位置 ･･･116

 3.3.3　接続助詞ケドと社説のトピック展開との関わり ･････････118

  3.3.3.1　逆接用法，対比用法と社説のトピック展開との関わり ･･･118

  3.3.3.2　前置き用法，提題用法と社説のトピック展開との関わり･120

 3.3.4　接続助詞ケドと社説の構成要素との関わり ･････････････123

  3.3.4.1　コメント文と非コメント文 ･･････････････････････････123

3.3.4.2　接続助詞ケドとコメント文・非コメント文との関わり ···· 124

　　　3.3.4.3　逆接用法，対比用法とコメント文・非コメント文との関わ
　　　　　　　り ··· 125

　　　3.3.4.4　前置き用法，提題用法とコメント文・非コメント文との関
　　　　　　　わり ··· 127

3.4　本章のまとめ ·· 129

第4章　聞き手の言語的反応と接続助詞ケドの関わり

4.1　発話に対する聞き手の反応 ··· 131

4.2　接続助詞ケドの従属節末と主節末における聞き手の言語的反応
　　　—カラ，タラと比較して— ··· 134

　4.2.1　従属節末と主節末における聞き手の言語的反応の比較 ········ 134

　　4.2.1.1　従属節末と主節末における言語的反応の有無 ············· 135

　　4.2.1.2　従属節末と主節末における言語的反応の種類 ············· 136

　　4.2.1.3　従属節末と主節末における自由型あいづちの比較 ······· 138

　4.2.2　接続助詞別の比較 ··· 141

　　4.2.2.1　従属節末における言語的反応の比較 ························· 141

　　4.2.2.2　主節末における言語的反応の比較 ·························· 148

4.3　接続助詞ケドの発話解釈過程と聞き手の言語的反応との関わり ·· 151

　4.3.1　接続助詞ケドの各用法の従属節末における聞き手の反応 ····· 151

　　4.3.1.1　言語的反応の有無 ··· 151

　　4.3.1.2　言語的反応の種類 ··· 152

　4.3.2　接続助詞ケドの各用法の主節末における聞き手の反応 ········· 154

4.4　接続助詞ケドの挿入用法および終助詞的用法と聞き手の言語的反応
　　　··· 159

　4.4.1　挿入用法，終助詞的用法におけるケド節後の言語的反応の有無
　　　　　と種類 ··· 159

　4.4.2　終助詞的用法とターン・テーキング ······························ 162

　　4.4.2.1　会話におけるターン・テーキングの特徴 ·················· 162

4.4.2.2　終助詞的用法によるターン・テーキングの特徴……………163
　　　4.4.2.3　終助詞的用法によるターン・テーキングと解釈過程との関
　　　　　　　わり………………………………………………………………166
　4.5　本章のまとめ…………………………………………………………168

終　章……………………………………………………………………………171

用例出典・参考文献……………………………………………………………175

謝辞………………………………………………………………………………181
索引………………………………………………………………………………183

接続助詞ケドの発話解釈過程と談話展開機能

序　　章

0.1　研究の目的

　日本語の接続助詞は，本来二つの文として表現されるものを一つの文に
まとめ上げるとともに，前の文と後の文がどのような関係にあるのかを表
す働きをするが（西田1977），その働きは必ずしも文レベルにとどまらな
い。近年では，接続助詞には先行文脈と後続文脈との関係を表すという談
話展開上の働きがあり，我われがコミュニケーションを行う上で重要な役
割を果たすことが指摘されている（佐久間1992）。しかしながら，実際の
言語的伝達という観点から見ると，接続助詞に関しては未だ解明されてい
ない部分が多く残されている。本書では，談話における接続助詞の機能を
解明するために特に重要であると考えられる次の二つの研究課題について
考察を行う。

　　①接続助詞の用法間にはどのような関係が存在するか。
　　②接続助詞の各用法を規定する接続関係は談話展開にどのように反映
　　　されるか。

　まず，研究課題①に関して，接続助詞の中には一つの形式で複数の異な
る関係を表すものが多く存在するが，そのように一つの接続助詞が複数の
関係を表すことは，どのようにして可能になっているのであろうか。これ
は「ある接続助詞に本来的に備わった接続機能とは何か」という接続助詞
の本質的な接続機能[1]について問うことでもある。
　本書ではこの問題について接続助詞ケドを対象として考察する。国立国

3

語研究所（1951）や森田（1980）が指摘するように，「ケド」も一つの形式によって複数の関係を表す。しかも，第1章で見るように，逆接用法と前置き用法という一見何の共通点も存在しないように思われる関係が同じ「ケド」によって表される。この点で，接続助詞ケドは「節と節とをつなぐ」というそれ以外の多くの接続助詞と同様の特徴を持ちながら，固有の複雑な問題も抱えている接続助詞であると言える。本書で扱う研究課題①では，このような接続助詞ケドの機能の解明を目的とするが，その説明の枠組みは同じく複数の用法を持つ他の接続助詞について考える際にも有効な視点を提供するものと思われる。

　次に，研究課題②について，先に述べたように，接続助詞が談話レベルで役割を担うことに関しては先行研究において指摘されているが，その実態は明らかにされていない。本書では「談話のトピック展開」と「聞き手の言語的反応との関わり」という二つの観点から，接続助詞ケドの各用法が談話展開にどのように関わるかを明らかにする。接続助詞ケドを談話の中でとらえることで，従来の文レベルの研究では明らかにされなかった接続助詞ケドの新たな側面を明らかにする。具体的には，これまで単に節と節とをつなぐ働きをすると考えられてきた接続助詞が談話レベルでは話し手が望む談話展開を実現させる働きをすることを指摘する。同時に，そこで明らかになった談話展開上の特徴と研究課題①で明らかになる各用法の解釈過程との関わりについても考察を行うことで，接続機能と談話展開との関係を明らかにする。

　なお，研究対象について，本書では接続助詞ケドを扱うが，現代日本語において同様の接続機能を持つケレドモ，ケドモ，ケレド，ガについても同様に研究対象に含める。

---

1 ）本書では，接続助詞に本来的に備わった基本的な関係表示の働きを接続助詞の「接続機能」として，それが文脈の中で具現化したものを接続助詞の「用法」として，それぞれとらえる。

0.2 本書の構成

　上述のように，本書では接続助詞ケドの各用法の解釈過程および談話展開への関わり方について考察を行う。しかしながら，接続助詞ケドがどのような用法を持つかについては，国立国語研究所（1951）をはじめとして多くの記述が行われてきたもののその分類は様々であり，定説を見るに至っていない。そこで，第1章においては先行研究にもとづきつつ接続助詞ケドの用法を整理する。また，ケドと同様の接続機能を持つケレドモ，ケドモ，ケレド，ガについて，それぞれどのような文体的特徴を持つかについても明らかにする。

　第2章においては，第1章で行われる接続助詞ケドの用法の整理を受けて，一見無関係に見えながら「ケド」という一つの形式によって表されるそれらの用法間にはどのような関係が存在するのかという問題について考察を行う。まず，考察の枠組みとなる関連性理論を概観し，各用法の解釈過程についてそれぞれの発話場面に着目して考察を行う。その後，それぞれの用法の解釈過程の連続性について考察を行う。

　第3章と第4章においては，第2章で明らかにした接続助詞ケドの解釈過程が談話展開にどのように反映されているかを明らかにする。第3章においては，トピックの展開構造における出現位置にもとづいて，接続助詞ケドの各用法が談話のトピック展開にどのように関わるかを明らかにする。継時的な性格を持つ「自由談話」と談話が形成される際に表現や構成を推敲する時間がある「社説」という2種類の談話を分析することで，トピック展開への関わり方に関して，共通して見られる特徴と個別の特徴とを明らかにする。また，トピックを構成する要素との関わりについて，接続助詞ケドの各用法が社説を構成するコメント文，非コメント文とどのように関わるかについても第3章で明らかにする。

　第4章では，会話における「話し手と聞き手の相互作用」という観点から，第3章で用いた自由談話を分析資料として，接続助詞ケドの各用法が談話中で聞き手のどのような言語的反応を誘発しているかについて分析を行う。接続助詞ケドの従属節末および主節末に見られる聞き手の言語的反

序　章　5

応の有無および種類，さらにはその後のターンの移行に着目することで，談話展開における各用法の特徴を明らかにする。

0.3　本書における会話例の表記

　本書中の会話例における記号を以下に示す。なお，資料中の下線は筆者によるものであり，読みやすさへの配慮から意味を（　）で補った箇所がある。

　　A，B，C　：会話の参加者
　　?　　　　：疑問を表す上昇イントネーション
　　｜｜　　　：発話の重なり

第1章　接続助詞ケドに関する先行研究

　本章においては，接続助詞ケドに関して，これまでの研究で明らかにされてきたことをまとめるとともに，どのような問題が研究上の課題として残されているかを明らかにする。

1.1　接続助詞ケドの用法
1.1.1　先行研究における用法の分類
　接続助詞とは，本来「二つの文として表現されるものを続けて一つの文のかたちにする役割を持つと同時に，前節と後節とがどのような関係にあるのかを表す役割を持つ」（西田 1977）ものであり，接続助詞ケドに関する初期の研究は接続助詞ケドによって表される前節と後節との関係を記述しようとするものであった。接続助詞ケドの用法について記述を行ったものに国立国語研究所（1951），森田（1980），小出（1984）などがあるが，そこではそれぞれ次のような用法が認められている。

　　○国立国語研究所（1951）
　　　①二つの事がらをならべあげる際のつなぎ。共存の場合。また，単
　　　　なる時間的推移を表わすこともある。
　　　②次に来る叙述の場面・題目などを持ち出し，また前おきを述べ
　　　　て，次の叙述に続けるつなぎとする。
　　　③内容の衝突する事がらを対比的に結びつけ，前件に拘束されずに
　　　　後件が存在することを表わす。
　　　④補充的挿入を表わす。

⑤終助詞

○森田（1980）
　①逆接を表す。
　②対比を表す。
　③二つの事柄を並べ挙げる。並列，累加を表す。
　④全く関係ない叙述を繋げる。前置きから次の話題へと話を展開させる。
　⑤中途で言いさして表現を婉曲にする。
　⑥仮定条件を受けて，「けれど／が」で言いさし，未定の事実に期待したり，事実とは逆の事態を希望する気持ちを表す。

○小出（1984）
　①談話主題の提示
　②a 補足説明の提示
　　b 前置き
　③発話行動への注釈
　④二つの対比的事柄の提示

　これらの記述から，接続助詞ケドは複数の用法を持つことがわかるが，その分類は必ずしも一致していない。そこで，以下においては，上に挙げた三つの研究や接続助詞ケドの用法について個別に論じた研究をもとに，接続助詞ケドの用法について整理する。
　結論から言えば，接続助詞ケドは「逆接用法」，「対比用法」，「前置き用法」，「提題用法」，「挿入用法」，「終助詞的用法」という六つの用法を持つと言える。先に見た国立国語研究所（1951），森田（1980），小出（1984）において指摘される用法の中には，上記の六つの用法に直接対応しているものもあれば対応していないものもある。ただし，直接対応していないように見えるものであっても，六つの用法のうちのいずれかの用法が細分化

されていたり，複数の用法が統合されていたりしており，上記の六つの用法に収斂されると思われる。国立国語研究所（1951），森田（1980），小出（1984）で指摘される各用法と上記の六つの用法との対応関係を表したものが表1である。

表1　接続助詞ケドの用法分類と先行研究との対応関係

	逆接用法	対比用法	前置き用法	提題用法	挿入用法	終助詞的用法
国立国語研究所(1951)	③	③	①，②	①，②	④	⑤
森田（1980）	①	②，③	④	④		⑤，⑥
小出（1984）	④	④	②b，③	①，②a		

　以下においては，表1および接続助詞ケドの用法について個別に論じたその他の先行研究にもとづきつつ，接続助詞ケドの用法を整理するとともに，各用法の特徴についてまとめる。

1.1.2　逆接用法

　まず，上に見た三つの研究に共通して見られるように，接続助詞ケドには「逆接」を表す用法がある（国立国語研究所 1951 －③，森田 1980 －①，小出 1984 －④[2]）。西原（1985）によれば，「逆接」とは「話者が前提概念とする信条，通念，常識の集積としてのナチュラルなロジックとズレた表現方法」である。例えば，次の例（1）においては「一生懸命勉強すれば合格できる」という話し手が有する常識的な前提の不成立が表されている。

　（1）一生懸命勉強したけど，合格できなかった。

2）小出（1984）では「対比的事柄の提示」と述べられており，例文も対比用法の例文が挙げられているが，本文中では「これは，一般に逆接と呼ばれる類のもので」と述べられており，本書における逆接用法と対比用法の両方を含むものであると考えられる。

このような「逆接」の関係は接続助詞ノニによっても表される。例えば，上の例（1）のケドをノニに置き換えた例（1）'においても，同様に常識的な前提（「一生懸命勉強すれば合格できる」）の不成立が表される。

　　　（1）'一生懸命勉強した<u>のに</u>，合格できなかった。

　しかしながら，両者は常に言い換えが可能であるわけではない。渡部（1995）によれば，次の例（2）や例（3）のように，既に実現した後件の事態（（2）：「出かけることが決まっている」，（3）：「無理して食べている」）に対する不同意や批判を表す場合にケドの使用は不自然であるという。なお，本章の引用例における下線は筆者によるものである。

　　　（2）こんなに暑い ｛<u>のに</u>／?<u>けど</u>｝ 出かけるんですか。（渡部1995の
　　　　　例15）
　　　（3）食べたくない ｛<u>のに</u>／??<u>けど</u>｝ 無理して食べるな。（渡部1995の
　　　　　例17）

　一方，後件の事態が未成立である場合には，ケドのみが用いられ，ノニの使用は不自然であるという。以下の例（4）では，後件において叙述される事態（「全力を尽くす」）の成立が要求されている。すなわち，例（2）や例（3）とは異なり，例（4）では後件の事態は発話時において成立していないということである。

　　　（4）最下位は決定している ｛*<u>のに</u>／<u>けど</u>｝，最後まで全力を ｛尽く
　　　　　せ／尽くしなさい／尽くすべきだ／尽くさなくてはいけない／
　　　　　尽くすものだ｝。

　これらのことから，渡部（1995）はP ｛ノニ／ケド（逆接）｝Rにおいて，ノニもケドもどちらも「PからQが予想される。ところが実際にはRであ

る」ということを表すが，ノニが「既に実現した事態Rと話し手にとって望ましい事態Qとの乖離を表す」のに対して，逆接のケドは事態Rの成立（→例（1））・未成立（→例（4））は問題にされないと指摘する。また，ケドは単にP，Q，Rの論理的つながりを示すだけであるために，不同意や批判を表すことは出来ない（→例（2），例（3））という。

　前田（1995）において指摘されるケドとノニのニュアンスの違いも，ここから生じるものであると考えられる。前田（1995）によれば，次の例（5b）では「薬を飲んで治らなかったのはおかしい」という話し手の違和感・意外感・驚きなどが含まれるのに対して，（5a）では，そのような独自のニュアンスはなく，単に逆接的事態が表されているのみであるという。

　　（5a）薬を飲んだけど，治らなかった。（前田1995の例9a）
　　（5b）薬を飲んだのに，治らなかった。（前田1995の例9b）

　このように，接続助詞ケドには西原（1985）で述べられるような「ナチュラルなロジック」の不成立を表す逆接用法が存在する。そして，そのような逆接用法は，同じく「逆接」を表すノニと上記のように異なる特徴を持つ。

1.1.3　対比用法

　接続助詞ケドの二つ目の用法として「対比」を表す用法がある。先に見た三つの研究において，逆接用法と対比用法とを区別しているものは森田（1980）のみであるが，国立国語研究所（1951）においては③の中に［～は～だけれども～は～だ］という項目が設けられ，逆接用法とは異なるものとして対比用法の存在が認められている。また，ケドの用法について個別に論じられた研究においても，「推論的逆接－対比的逆接（渡部1995）」，「因果関係を前提としたもの－並列関係を前提としたもの（石黒1999）」，「矛盾的対比－並列的対比（松本1989）」など，表現は様々であるが，二つの用法が区別されている。

先に見たように，逆接用法では「ナチュラルなロジック」の不成立が表されるが，対比用法では「述語の広い意味での意味的対比」が表される（渡部1995）。渡部（1995）によれば，「広い意味での意味的対比」には，例（6）における「高い‐低い」のような語彙の意味的対比に加えて，例（7）における「肯定‐否定」のような文法的対比なども含まれるという。

（6）太郎は背が高い<u>けど</u>，次郎は背が低い。（渡部1995の例1）

（7）太郎は新聞を読む<u>けど</u>，次郎は新聞を読まない。（渡部1995の例2）

　対比用法において対比されるものには，この他にも時間的な対比（→例（8）），外面と本質の対比（→例（9）），非現実と現実の対比（→例（10）），主体の対比（→例（11））などがある（朴1989）。以下にそれぞれの例を示す。

（8）　以前には近所を歩いていました<u>が</u>，今ではすっかり誰からも敬遠されてしまいました。（朴1989の例（6））

（9）　外側は蟹の甲羅のように固く武装している<u>が</u>，中身は絶えず怯えと不安とが混ざっていた。（朴1989の例（8））

（10）西洋映画では見たことがある<u>が</u>，実際の場面に当たったのは，佐野も山口も同じだった。（朴1989の例（10））

（11）僕は，噂には触れないで，法川さんと結婚すべきだといってやったんだ<u>が</u>あいつは，そんなこと，すでに二人の間で解決したことだから放っといてくれ，というんだ。（朴1989の例（13））

　松本（1989）はこのような対比用法について，並列の接続助詞シと比較することで，その特徴を指摘している。松本（1989）によれば，次の例（12）では前件と後件を置き換えても意味は変わらないが，例（13a）では前件と後件を置き換えると意味が変わるという。例えば，（13a）では［ドイツ語もできるが，ドイツ語より難しい中国語もできる］という意味で

12

あったものが，前件と後件を置き換えた（13b）では［中国語もできるが，中国語より難しいドイツ語もできる］という意味になると松本（1989）は指摘する。

（12）　私はドイツ語もできる<u>し</u>，中国語もできる。（松本1989の例9a）
（13a）　私はドイツ語もできる<u>けど</u>，中国語もできる。（松本1989の例9b）
（13b）　私は中国語もできる<u>けど</u>，ドイツ語もできる。（松本1989の例9c）

　接続助詞ケドの対比用法の場合には，前件と後件を置き換えると意味が変わるため，単に二つの事態が並べられているわけではないという松本（1989）の指摘は対比用法の特徴をとらえていると言える。しかしながら，前件と後件を置き換えると何故そのような意味の変化が生じるのかについては言及されていない。この点については，それがどのような文脈で解釈されるのかということと密接に関わるため，実際の発話場面において改めて考えてみる必要がある。

1.1.4　前置き用法

　上に見た逆接用法や対比用法の他にも，接続助詞ケドには後件を述べるに際しての補足的な役割を前件が果たすという前置き用法が存在する。この用法は上に挙げた三つの研究すべてにおいて認められている（国立国語研究所1951－②，森田1980－④，小出1984－②b，③）。例えば，次の例（14）では，後件の事態に対する話し手の配慮が前件で表されており，上に見た逆接用法や対比用法のように，「ナチュラルなロジック」の不成立や意味的・文法的な対比という関係は認められない。

（14）悪い<u>けど</u>，お金貸してくれない？（永田・大浜2001の例③）

第1章　接続助詞ケドに関する先行研究　13

接続助詞ケドの前置き用法について，「発話行動への注釈」という観点から記述した才田・小松・小出（1984）によれば，前置き用法の前件には，発話前に考慮される諸要素，発話段階における発話それ自体，発話の受け取り方のそれぞれに対する話し手の配慮が表されるという。才田・小松・小出（1984）で指摘されている「注釈」のいくつかを以下に例示する。

　　○発話前に考慮される諸要素についての注釈
　　　・言語行動の主体への注釈
　　　　（15）私は別に専門家ではないのですが，専門家の間では……という意見もあるようです。（才田・小松・小出1984の例7）
　　　・言語表現の形への注釈
　　　　（16）俗な言い方になりますが……（才田・小松・小出1984の例12）
　　　・物理的場面への注釈
　　　　（17）会場が狭くて申し訳ありませんが……（才田・小松・小出1984の例16）

　　○発話段階における発話それ自体についての注釈
　　　・発話の表面的部分及び周辺への注釈
　　　　（18）どうもわかりにくい地図で申し訳ないんですが，三宅島はこのような形をしておりまして……（才田・小松・小出1984の例24）
　　　・発話の内容への注釈
　　　　（19）どうも説明が舌足らずで申し訳ないんですが，以上が大枠でして……（才田・小松・小出1984の例26）

　　○発話の受け取り方についての注釈
　　　・発話の受け取り方に関する示唆を与える注釈

（20）ここだけの話だけど，田中さん，何かポカをしたらしいよ。
（才田・小松・小出1984の例35）

・評価を示す注釈

（21）非常に腹立たしくてならないんですが，選挙が終わると公
約も忘れ去られてしまいますね。（才田・小松・小出1984の
例38）

　このように，接続助詞ケドには，後件の事態を伝達するに際して，社会
的ルールへの配慮や伝達性への配慮（才田・小松・小出1984）が前件で表
されるという前置き用法が存在する。

1.1.5　提題用法

　接続助詞ケドの四つ目の用法として提題用法がある（国立国語研究所
1951 − ②，森田1980 − ④，小出1984 − ①，②a）。亀田（1998）によれば，
接続助詞ケドの提題用法には，前件で提示された事態の一部分について後
件で叙述が行われるもの（→例（22））と前件で提示された事態そのもの
について後件で叙述が行われるもの（→例（23））という二つのタイプが
存在するが，いずれのタイプも例（22）'や例（23）'のように，前件を後件
に組み込むことが出来るという。

（22）　太郎は白い車に乗っているが，それはとても古い。（亀田1998
の例（6），一部改変）

（23）　花子は太郎とつきあっているが，それは僕だけが知っている。
（亀田1998の例（10））

（22）'　［(太郎が乗っている白い) 車］は，とても古い。（亀田1998の例
（6）'を一部改変）

（23）'　［花子が太郎とつきあっている］コトは僕だけが知っている。
（亀田1998の例（10）'）

このように，提題用法は前件についての叙述が後件で行われ，前件を後件に組み込むことが出来るという特徴を持つ。

　「提題－叙述」の関係が成立するという点で，接続助詞ケドの提題用法は主題の「ハ」と共通している。このことについて亀田（1998）は「提題－叙述」という関係をつくり出すという点で両者は共通するが，「ハ」が旧情報をマークするのに対して，提題用法の場合にはその様な制約がなく，新情報でも旧情報でもマークすることができるという違いがあると指摘する。では，提題用法のケドが旧情報をマークする場合には，同じく旧情報をマークする主題の「ハ」とどのように異なるのであろうか。

（24a）昨夜の地震は××が震源地だそうだ。
（24b）昨夜の地震だけど，××が震源地だそうだ。

　例（24a）と例（24b）において，「昨夜地震がおこったこと」が旧情報になっている場合を考えてみると，両者にどのような違いがあるかは上の例だけからは判断がつきにくい。この点について考えるためには両者がどのような文脈において用いられるかを考慮する必要があるであろう。提題用法に関するこの問題については次章において考察を行う。

　いま，接続助詞ケドには前件と後件との間に「前置き－叙述」，「提題－叙述」という関係がそれぞれ成立する前置き用法と提題用法があることを見た。このことをふまえれば，国立国語研究所（1951）において，「①二つの事がらをならべあげる際のつなぎ。共存の場合。また，単なる時間的推移を表わすこともある。」として分類されているものも，前件と後件との間には，前置き用法，提題用法のいずれかの関係が成立していることがわかる。

（25）イギリス経済の構造的欠陥はむしろ外にある。それは戦争によって変形した変形経済がそのまま維持されていること，その

ため健全な安定を快復するのに力となる健全な自然的過程が阻止されていることにある。この阻止はむろん外部からも来ているけれども，内部とくに政府の政策にも責任がある。（国立国語研究所1951の例，一部表記変更）

（26）彼は，そう教えられてみれば，確かに自然が光彩の錦織であることを発見した敏感者であったけれども，その同じ色彩的敏感は，色が無いように見える黒の中にも，他人の目には閉ざされた無量の色彩的魅力を発見して，常にこれを愛して已まなかったように思われる。（国立国語研究所1951の例，一部表記変更）

　上の例（25）と例（26）は，いずれも国立国語研究所（1951）において，①の「二つの事がらをならべあげる際のつなぎ。共存の場合。また，単なる時間的推移を表わすこともある。」として分類されているものである。これらの例における前件と後件の関係を見ると，例（25）では後件に関する注釈が前件において提示されている。また，例（26）では前件で提示されている「色彩的敏感さ」についての叙述が後件でなされており，それぞれ前置き用法，提題用法と見なすことができる。

1.1.6　挿入用法

　これまで見てきた四つの用法はすべて［AケドB］という複文の形で用いられるものであったが，国立国語研究所（1951）の④，⑤や森田（1980）の⑤，⑥で指摘されるように，接続助詞ケドにはケド節が独立的に用いられる用法も存在する。ケド節が独立的に用いられる場合には，挿入的に用いられる場合と終助詞的に用いられる場合という二つの場合がある。まず，ケド節が挿入的に用いられる場合とは，次の例（27）のようなものである。

（27）この前貸した本を明日，もし無理だったら明後日でもいいんだ

けど，返してくれる？（永田・大浜2001の例⑤）

　このように接続助詞が付加された節が独立して文の途中に挿入される用法は，他の接続助詞には見られない用法であり，国立国語研究所（1951）においても接続助詞ケドにのみ挿入用法が認められている。
　このような挿入用法と関わると思われるものに次のような「倒置」という現象がある。

　（28）お金貸してくれない？悪い<u>けど</u>。

　例（28）を見ると，「お金貸してくれない？」という発話を終了した時点でケド節が独立的に提示されていると考えられ，一見，挿入用法と「倒置」とは同一のものであるように思われる。しかしながら，挿入用法が接続助詞ケドにのみ認められるのに対して「倒置」は他の接続助詞，さらには他の文法項目にも認められる（→例（29），例（30））。

　（29）運動会は中止だった。朝から雨が降っていた<u>から</u>。
　（30）明日は晴れるっていっていたよ。天気予報<u>で</u>。

　このことをふまえれば，やはり「倒置」は挿入用法とは区別されるべきであろう。先に見た接続助詞ケドの用法を記述したいずれの先行研究においても「倒置」が接続助詞ケドの一用法として認定されていないのはこのような理由によるものであると思われる。

1.1.7　終助詞的用法
　上に見た挿入用法においては後件に相当するものが文脈中に存在したが，ケド節が独立的に用いられる場合には，後件に相当するものが文脈中に存在しない場合もある。例えば，次の例（31）においては，後件が文脈中に存在しないことから，談話文法的な規則で後件が省略されたものとは

考えられず，一つの文末形式として認められる（白川1996）。

（31）早苗「失礼します。会議が，もう始まるそうですけど……」
　　　正樹「え？（と，時計を見る）あ……（忘れていたのだ）」

(白川1996の例（7））

　このような終助詞的用法に関しては，「やわらげ」のニュアンスを持つことが指摘されている（三原1995）。金井（1996）はそのようなニュアンスについて，Brown & Levinson（1987）のポライトネス理論の枠組みで考察を行っている。金井（1996）は終助詞的用法の含意に着目することで，このようなケドは「聞き手のネガティブ・フェイスを守ろうとする配慮を示すポライトネス・マーカーとして働く」と指摘するが，このような指摘については，発話末のケドによって守られるものが聞き手のネガティブ・フェイスのみであるのか，また，そのような働きはケドの接続機能とどのように関わるのかという疑問が残る。この終助詞的用法と「丁寧さ」の問題については次章において考察する。

　その他，終助詞的用法に関しては，それが特定の発話行為と結びつくことが明らかにされている。三原（1995）においては，相手に行為，意見，判断等を求める場合（依頼・要望，提案，判断求め，意見求め，名前告げ）と自己の意見や意向を表出する場合（自分の考え・意見の表出，否定的意見の表出，断り）にケドの終助詞的用法が用いられることが明らかにされている。さらに，終助詞的用法は会話のやり取りの中で，ターン・テーキングのタイミングを相手に示す働きをすることも指摘されている（佐藤1993）。

　以上，接続助詞ケドがどのような用法を持つかについて先行研究をもとに見てきたが，これまでのことをまとめれば，接続助詞ケドは次の六つの用法を持つと言える。

　　［1］**逆接用法**：「一生懸命勉強したけど，合格できなかった。」
　　　　【特徴】……話し手の常識的な前提の不成立が表される。

［2］**対比用法**：「父は背が高い<u>けど</u>，母は背が低い。」

　　　【特徴】……前件と後件における述語の意味的・文法的対比が表される。

［3］**前置き用法**：「時間があるときでいいん<u>だけど</u>，この書類に目を通しておいてくれない？」

　　　【特徴】……前件と後件が「補足情報－叙述」の関係にある。

［4］**提題用法**：「彼の病気のこと<u>だけど</u>，心配しなくても大丈夫だよ。」

　　　【特徴】……前件と後件が「提題－叙述」の関係にある。

［5］**挿入用法**：「先週貸した本を明日，無理だったら明後日でもいいん<u>だけど</u>，返してくれない？」

　　　【特徴】……ケド節が独立的に用いられ，文の途中に挿入される。

［6］**終助詞的用法**：「すみません，広島駅に行きたいんです<u>けど</u>。」

　　　【特徴】……ケド節が独立的に用いられ，後件に相当するものが文脈中に存在しない。

1.2　接続助詞ケドのバリエーション

　前節において，接続助詞ケドは六つの用法を持つことを確認したが，これら六つの用法は接続助詞ケレド，ケレドモ，ケドモ，ガといういずれの接続助詞にも認められる。先に挙げた例におけるケドはいずれもこれらの接続助詞に置き換え可能である。

［1］**逆接用法**：「一生懸命勉強した｛<u>けれど／けれども／けども／が</u>｝，合格できなかった。」

［2］**対比用法**：「父は背が高い｛<u>けれど／けれども／けども／が</u>｝，母は背が低い。」

［3］**前置き用法**：「時間があるときでいいんだ｛<u>けれど／けれども／けども／が</u>｝，この書類に目を通しておいてくれない？」

20

［4］**提題用法**：「彼の病気のことだ ｛けれど／けれども／けども／が｝，心配しなくても大丈夫だよ。」

［5］**挿入用法**：「先週貸した本を明日，無理だったら明後日でもいいんだ ｛けれど／けれども／けども／が｝，返してくれない？」

［6］**終助詞的用法**：「すみません，広島駅に行きたいんです ｛けれど／けれども／けども／が｝。」

　これらの接続助詞に関して，宮内（2007）によれば，江戸後期においては，接続助詞ケド，ケレド，ケレドモ，ケドモには「提示」用法[3]としての使用がほとんど見られないなど，接続助詞ガとの違いが認められるという。しかしながら，現代日本語においては，上例のように，接続助詞ケドと接続助詞ケレド，ケレドモ，ケドモ，ガとの間には文法的な違いは認められず，これらの形式の存在意義は文体上の違いを表すところにあると考えられる（森田1980，小出1984）。本書においても，先行研究と同様に，統語的な機能の違いは認められないという立場から，これらの形式も接続助詞「ケド」として考察対象に含めるが，本節ではこれらの形式間の文体上の違いについて確認しておきたい。

　接続助詞ケド／ケレド／ケレドモ／ケドモ／ガの使い分けに関して，森野（1967）は「ケド，ケドモはケレド（モ）に比べてくだけた感が強く，書き言葉としては使用されることが少ない」と指摘する。また，森田（1980）では「ケレドモは話し言葉的でがは書き言葉的である」と指摘される。永田・茂木（2007）は，これらの先行研究に関して，データにもとづいた客観的な裏づけを行う必要性を指摘し，上記5形式の使い分けについて，日本語母語話者を対象とした意識調査と実際の談話における使用実態調査という二つの側面から明らかにしている。以下においては，永田・茂木（2007）にもとづき，「話し言葉的－書き言葉的」および「改まり度」という二つの観点から，5形式の使い分けについてまとめる。

3）ここでの「提示」用法は本書における提題用法に相当すると考えられる。

1.2.1 「書き言葉的－話し言葉的」観点から見た使い分け

　永田・茂木（2007）では，日本語を母語とする大学生を対象に調査が行われ，「書き言葉的－話し言葉的」という観点に関して，次の表2のような結果が得られている。なお，調査は五つの形式についての5段階評定（書き言葉的：1点，話し言葉的：5点）を求めたものであり，表中の数値は被調査者の評定の平均値である。

表2　5形式の使い分けに関する日本語母語話者の意識（書き言葉的－話し言葉的）

ケド	ケレド	ケレドモ	ケドモ	ガ
4.85	3.2	1.65	3.35	2.15

　表2の意識調査では，ケレドモとガの2形式が「書き言葉的」であり，ケドが「話し言葉的」であるという結果が得られているが，この点について，永田・茂木（2007）ではコーパスを用いた使用実態調査がなされている。具体的には5形式の使い分けに関して，国立国語研究所，情報通信研究機構，東京工業大学により共同開発された『日本語話し言葉コーパス（Corpus of Spontaneous Japanese）』を用いて，量的観点からの分析が行われている。そこでは，書き言葉的な性格を持つ「学会講演」と話し言葉的な性格を持つ「模擬講演」という2種類の談話における5形式の出現数を分析することで，次のような結果が得られている。

表3　『日本語話し言葉コーパス』における5形式の出現数および割合

	ケド	ケレド	ケレドモ	ケドモ	ガ	合計
学会講演	312 （6.8%）	49 （1.1%）	1125 （24.5%）	483 （10.5%）	2632 （57.2%）	4601 （100.1%）
模擬講演	1359 （25.4%）	197 （3.7%）	1776 （33.1%）	692 （12.9%）	1334 （24.9%）	5358 （100%）

　表2で見たように，意識調査ではケレドモとガが「書き言葉的」であると評定されていたが，表3が示すように，「学会講演」に高い比率で現れ

るガの方がより書き言葉的であると永田・茂木（2007）は指摘する。また，ガと対照的に，ケドは「模擬講演」において出現数が顕著に増加しており，表2の結果と照らしても，ケドが最も話し言葉的な特徴を持つ形式であるとされる。なお，表3を見ると「学会講演」と「模擬講演」のいずれにおいてもケレドの使用割合が低いことがわかる。また，ケレドモ，ガ，ケドと比べるとケドモの使用割合も低い。ここから，ケレドとケドモの使用には談話の種類や改まり度以外の要因が関わる可能性があることが示唆される（永田・茂木2007）。

1.2.2 「改まり度」から見た使い分け

　永田・茂木（2007）は，「改まり度」に関して，「場の改まり度」と「文の改まり度」を区別して，調査を行っている。まず，「場の改まり度」に関して，日本語母語話者に5段階評定（改まり度高：1点，改まり度低：5点）を行ってもらうことで表4のような結果が得られている。表中の数値は被調査者の評定の平均値である。

表4　5形式の使い分けに関する日本語母語話者の意識（場の改まり度）

ケド	ケレド	ケレドモ	ケドモ	ガ
4.84	2.85	1.6	2.85	2

　表4から，ケレドモとガは「場の改まり度」が高い場面で用いられる形式として認識されていることがわかる。先の表3で見たように，『日本語話し言葉コーパス』において，より改まり度の高い「学会講演」ではガの出現率が顕著に高い。また，「学会講演」よりも改まり度が低い「模擬講演」ではガの出現率が低下しているのに対して，ケレドモは増加している。これらのことから，ガの方がより改まり度が高い形式であると永田・茂木（2007）は指摘する。一方，ケドに関しては，「学会講演」よりも「模擬講演」において顕著に出現率が高くなることから，改まり度が低い形式であるとされる。これも表4の意識調査の結果と一致するものである。

次に，文レベルの改まり度に関して，永田・茂木（2007）では，「前接要素別（ダ－デス）の自然さ」についての5段階評定（自然さ高：1点，自然さ低：5点）を日本語母語話者に求めることで，表5のような結果が得られている。表中の数値は被調査者の評定の平均値である。

表5　前接要素による自然さに対する日本語母語話者の意識

	ケド	ケレド	ケレドモ	ケドモ	ガ
ダ	1.15	1.9	3.1	3.55	3.11
デス	1.4	2.05	2.85	2.9	1.4

　また，『日本語話し言葉コーパス』における前接要素との結合について，デス，デシタ，デショウなどの丁寧体の用言が前接するデス系と，ダ，ダッタ，ダロウなどの普通体の用言が前接するダ系別にそれぞれの出現数が分析されている。その結果を表したものが表6である。

表6　前接要素の比較

		ケド	ケレド	ケレドモ	ケドモ	ガ
学会講演	デス系	282 （90.4%）	47 （95.9%）	1098 （97.7%）	469 （97.1%）	2591 （98.6%）
	ダ系	30 （9.6%）	2 （4.1%）	26 （2.3%）	14 （2.9%）	38 （1.4%）
	合計	312 （100%）	49 （100%）	1124 （100%）	483 （100%）	2629 （100%）
模擬講演	デス系	1213 （89.3%）	185 （93.9%）	1718 （96.7%）	650 （93.9%）	1314 （98.5%）
	ダ系	146 （10.7%）	12 （6.1%）	58 （3.3%）	42 （6.1%）	20 （1.5%）
	合計	1359 （100%）	197 （100%）	1776 （100%）	692 （100%）	1334 （100%）

　表6から，ケド，ケレド，ケレドモ，ケドモとガとでは異なる傾向が見られることがわかる。ケド，ケレド，ケレドモ，ケドモの4形式に関して

は，「学会講演」から「模擬講演」へと，場の改まり度が低くなるとともに，ダ系との接続が多くなる傾向がある。表5の意識調査では，ケドとケレドはいずれの形に後接した場合も「自然さが高い」と評定されていた。また，ケレドモとケドモはいずれの場合も「どちらとも言えない」という評定結果であり，これらの4形式に関して意識レベルでは特定の前接要素との結びつきは認められなかった。しかしながら，表6を見ると，実際の使用場面において，これらの4形式はいずれも場の改まり度に対応してデス系やダ系といった特定の前接要素とともに用いられる例が増加する傾向が見られ，意識と使用にはずれがあることが示唆される。

　一方，ガは2種類の講演における違いがほとんど見られず，デス系に分布の偏りが見られる。ここから，ガはデス系との結びつきが強いことが示唆される。これは表5の意識調査の結果とも一致する。

　以上，接続助詞ケド／ケレド／ケレドモ／ケドモ／ガの使い分けについて，永田・茂木（2007）にもとづきつつ見てきたが，永田・茂木（2007）ではこれらの形式の文体上の違いについて，次のようにまとめられている。

> a. ガは書き言葉的，ケドは話し言葉的な特徴を持つ。
> b. ケレドモとガは改まり度が高い談話で用いられ，ケドは改まり度が低い談話で用いられる。ケレドモよりもガの方が改まり度は高い。
> c. 講演におけるケレドの使用頻度は低い。ケレドとケドモの使用には談話の種類や改まり度以外の要因が関わる可能性がある。
> d. ケド，ケレド，ケレドモ，ケドモの使用において，談話の改まり度と文の改まり度は対応する傾向にある。ガはデス系との結びつきが強い。
>
> （永田・茂木2007，p.111）

　統語的な機能の違いが認められないために，これらの形式は一括して扱われることが多く，本書もその立場をとるものであるが，本書を通して明らかになる「ケド」の様々な機能は，上に見たように「話し言葉－書き言

葉」や「改まり度」などといった要因により，それぞれの形式によって実現されることになる。

1.3 接続助詞ケドの用法間の関係に関する先行研究

1.1節において，接続助詞ケドは六つの用法を持つことおよび各々の用法の特徴についてまとめたが，各々の用法が特定化されるにつれて，何故，一見無関係に思われるそれらの用法が「ケド」という一つの形式によって実現されるのかという疑問が大きくなる。このような問題意識は先行研究にも見られ，論じられてきた。本節では，そのように接続助詞ケドの「用法間の関係」という問題について論じられた先行研究をまとめる。

1.3.1 松本（1989），Itani（1996）の考察

接続助詞ケドの用法のうち，逆接用法と対比用法との関係について論じたものに松本（1989）とItani（1996）がある。松本（1989）とItani（1996）は，アプローチは異なるが，ともに逆接用法と対比用法の関係について考察を行い，同様の結論に至っている。

松本（1989），Itani（1996）によれば，逆接用法と対比用法においては，前件と後件との間に「対立（contrast）」の関係が存在するという。逆接用法では，前件から顕在化する想定と後件とが対立し，その結果，後件がその想定を棄却するのに対し，対比用法では前件と後件の述語間あるいは前件と後件からそれぞれ顕在化される想定間に対立関係があると指摘される。これらの関係について，永田・大浜（2001）では以下のように図示されている。

①逆接用法:「雨が降ったけど，運動会は行われた。」

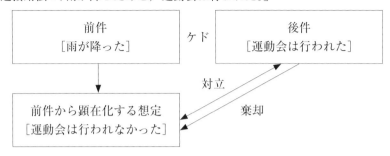

②対比用法:「太郎はサッカー部に入ったけど，次郎は吹奏楽部に入った。」

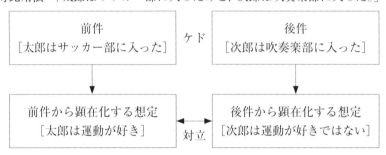

図1　逆接用法と対比用法における対立関係

　しかしながら，永田・大浜（2001）によれば，このような説明には次のような問題があるという。まず，顕在化する想定の扱われ方が事後的であるということである。例えば，逆接用法の場合，前件から顕在化する想定を後件が棄却するとされるが，前件から顕在化する可能性のある想定には様々なものがある。そのような様々な想定のうち，後件によって棄却される想定がどのようにして顕在化するのかが不明瞭である。

　また，「対立」の意味合いが両者で異なるということも問題点として挙げられる。上の図1からわかるように，逆接用法の場合には，前件から顕在化する想定が後件によって棄却されるという関係が「対立」と呼ばれているのに対して，対比用法の場合には，そのような「棄却」の関係ではな

く，前件と後件の述語，あるいは前件と後件からそれぞれ顕在化される想
定のカテゴリーが異なるという関係が「対立」と呼ばれている。この点に
ついてもさらなる議論が必要であろう。

1.3.2　山崎（1998）の考察

　次に，松本（1989）やItani（1996）とは異なる観点から分析を試みてい
る山崎（1998）の考察を見る。山崎（1998）は手紙に現れたケド文を分析
しているが，その考察対象を，ケドを含む前件（「ガ節」）と後件（「後続情
報」）のみではなく，それらに先行する文（「先行情報」）にまで広げること
によって，次のような指摘を行っている。

　　　ガ節は，文脈仮定の強化を阻害する要素があることが推測される場
　　合に，補足的な情報を挿入することによって，後続情報での強化の確
　　実性を高める。　　　　　　　　　　　　　　　　（山崎1998，p.237）

　ここでの「強化」とは，関連性理論で言われるところの認知的効果（文
脈効果）の一つであり（2.1.2.2参照），ある発話を解釈することによって，
聞き手の中にそれ以前に存在していた想定の確実性が高められるといった
ものである。この点について，山崎（1998）の例を用いて以下に説明する。

　（32）市長さんのおっしゃった発言はとても正しいと思います。戦争
　　　　　　　　　　　　　　　　　　　　　　　　　　　　　　　先行情報
　　　　を体験したわけではありませんが，私もそう思います。
　　　　　　　　ガ節　　　　　　　　　　後続情報
　　　　　　　　　　　　　　　　　　　　　　（山崎1998の例15）

　山崎（1998）によれば，この例では，ガ節で相手（読み手）からの反論
（「戦争を体験していない」）に備えていることを表示することにより，後件
の情報（「天皇に戦争責任があると思う」）の信頼度が増し，先行情報（「市長

の発言は正しい」）が強化されることになるという。

　ここで注目すべき点は，［S1 ガ S2］のみならず，それが用いられる先行文脈にまで視野を広げ，後続情報による「強化」を効果的に機能させるための一つの方策としてガ節を位置づけた点，すなわち，ガ節なしで後件を述べた場合に「強化」を阻害するであろう様々な要因を見越して前件が付加されるという観点に立ったことである。

　従来の研究においてはケドの前件と後件のみに着目されてきたことを考えれば，このような山崎（1998）の指摘は新たな視点を提供していると言える。しかしながら，実際の談話を観察すると，ガ節によって達成される文脈効果が「強化」のみであるのかという点については疑問が残ると永田・大浜（2001）は指摘する。山崎（1998）において分析資料として用いられた「手紙」は，「天皇に戦争責任がある」と発言した長崎市長に対する賛成もしくは反対の手紙であり，首尾一貫した立場表明が行われるという性格が強いものであった。そのため，例（32）のように同じ主張を行う文が何度も重ねられることが多かったが，実際の談話においては強化されるべき先行情報が存在しないように思われる例も多数見られる。この点については検討の余地が残されていると言えよう。

1.3.3　尾谷（2005）の考察

　尾谷（2005）は「Figure-Ground（F-G 関係）」という概念を援用することで，接続助詞ケドの諸用法の統一的な説明を試みている。尾谷（2005）によれば，ケドは次のような二つの意味から成り立っているという。

　　a. 従属節事態（前件）を地として利用することで，主節事態（後件）を図として解釈せよ。［F-G 関係］
　　b. その際に，話し手が両事態の間に何かしらかの対立関係を見出していると解釈せよ。［対立関係］

（尾谷 2005，p.22）

aは接続助詞全般が有する意味であり，bはケドに固有の意味である。これら二つの意味が反映されたものが逆接用法であり，bの［対立関係］が背景化して，aの意味が際立ったものが前置き用法であると説明される。前置き用法であっても［対立関係］は背景化しているにすぎないために，そこには何らかの［対立関係］が存在するという。そのような［対立関係］に関して，尾谷（2005）では，二項対立（男－女），擬似二項対立（高い－低い），多項対立（赤－青－緑），擬似多項対立（石－紙）など，様々な対立関係が挙げられている。そして，多項対立から擬似多項対立へと向かうにつれて，bの［対立関係］が背景化し，対比用法や前置き用法として意識されるようになるとされる。

　尾谷（2005）によるこのような分析は接続助詞ケドのすべての用法を統一的に説明しようとする点で，これまでに見た研究とは異なるが，［対立関係］の背景化と用法の認識という点に関して疑問が残る。例えば，次の例について考えてみたい。

（33）太郎のかばんは赤だけど，次郎のは青だ。

　例（33）における「赤」や「青」は色彩語彙として同じカテゴリーを構成しており，尾谷（2005）で言われるところの多項対立に相当する。では，例（33）はどのような用法として聞き手に認識されるであろうか。聞き手が太郎と次郎について，何ら知識を有していない場合は対比用法や前置き用法として認識されるであろう。一方，例（33）に先立ち，「太郎と次郎はいつも同じものを持っている」という知識が存在していた場合はどうであろうか。そのような知識を用いれば，前件の解釈から「次郎のかばんも赤色だろう」という想定が導かれるが，そのような想定は後件によって棄却される。すなわち，逆接用法として認識されるのではないだろうか。

　このように，用法の認識は単に語彙的知識のみによって決定されるわけではない。用法間の関係について明らかにするためには，当該の発話が解釈される文脈を視野に入れ，各用法の認識に至る解釈過程を説明できるよ

うな枠組みが求められるであろう。

1.3.4 伊藤 (2005) の考察

　伊藤 (2005) は接続助詞ケドの意味について，発話者が前件の情報を用いて「仮定の否定」を行ったことを表す，と指摘する。伊藤 (2005) によれば，我われが発話を産出する過程においては，記憶や事実をもとに様々な「仮定」が生成され，それを用いて，比較，検証，推論等の情報処理が行われるという。接続助詞ケドはこのような心的領域において生成される「仮定」に対して「否定」という処理が行われたことを表す。このような考えにもとづいて，伊藤 (2005) では接続助詞ケドの各用法について，次のように説明される。

　　○逆接用法・対比用法：
　　　　前件から発話者が導き出した仮定が何らかの原因によって否定されることをケドによって表示し，仮定を否定する原因となる事柄を後件で述べる。
　　○補足用法：
　　　　先行文脈から聞き手が想定するだろうと発話者が考えた仮定を，ケドのついた補足節によって発話者が否定する。
　　○終助詞的用法・話題提示用法：
　　　　前件から発話者が導き出した仮定が，聞き手の意志によって否定されうる状態にあることをケドによって示す。
　　○発話態度に関する前置き用法：
　　　　前件から発話者が導き出した仮定を発話者自身が否定したり，前件から発話者が導き出した仮定が聞き手によって否定されうる状態にあることをケドによって示す。
　　○事実を述べる前置き用法：
　　　　事実に「仮定の否定」のマーカーであるケドを付して述べることによって生じる談話上の性質を利用し，聞き手にその事実を解釈して

何らかの判断を行うよう要請する。

(伊藤 2005, p.113)

　伊藤 (2005) によれば,「彼は努力したけど,失敗した。」という逆接用法では,「努力すれば成功する」という知識をもとに前件から仮定が導き出されるが,そこで導かれる仮定が成立しないことが「ケド」によって表される。そして,そのように仮定を否定する原因となった事柄が後件で述べられているのだという。

　このような「仮定の否定」は,「旅行の件だけど,京都に行くことに決まりました (伊藤 2005 の例 4)」という話題提示用法では,前件で導入された話題 (「旅行の件」) が変更可能であることを相手に示唆するという形で実現される。また,「怒られるかもしれないけど,その服変ですよ (伊藤 2005 の例 15)」という発話態度に関する前置き用法では,前件と否定関係にある仮定 (「怒られるかもしれなければ,言わない」) の存在を意識させることで,「あえて発言する」という後件の発話態度を表すなど,様々な形で実現されるという。

　しかしながら,伊藤 (2005) 自身も指摘するように,「今度の旅行どうする?」-「そのことだけど,京都に行くのはどう?」のように「否定」が前提とされない (話題の変更が考えにくい) 話題提示用法も存在する (伊藤 2005, p.103)。また,先の松本 (1989) や Itani (1996) に関しても述べたように,否定される仮定がどのように導き出されるのかについて伊藤 (2005) では明らかにされていない。伊藤 (2005) では,「文脈からの情報や聞き手の知識を利用する」ことが想定されているが,具体的にそこにはどのような原理が働いているかについても明らかにする必要があるであろう。

1.4　本章のまとめと接続助詞ケドに残された問題

　本章では接続助詞ケドに関する先行研究についてまとめた。本章で見てきたように,接続助詞ケドは「逆接用法」,「対比用法」,「前置き用法」,

「提題用法」，「挿入用法」，「終助詞的用法」という六つの用法を持ち，「話し言葉 – 書き言葉」や「改まり度」などといった要因により，ケド／ケレド／ケレドモ／ケドモ／ガのいずれかの形式によって実現される。

　また，先行研究では接続助詞ケドの各々の用法について，その特徴が明らかにされてきた。しかしながら，各用法の特徴が明らかになるにつれて，一見無関係に思われるそれらの用法が何故「ケド」という一つの形式によって実現されるのか，すなわち「用法間の関係」という問題が浮かび上がってくる。これまでこのような問題の解明に至っていないのは，接続助詞ケドに関する従来の研究の多くが，接続助詞ケドが用いられている文を発話状況から切り離し，その前件と後件の内容に着目して考察を行うという文レベルでの考察であったためであると考えられる。そのような文レベルの考察では，逆接用法と前置き用法のように，一見まったく異なるように思われる両者の関係について明らかにすることは難しいであろう。先行研究の中には「知識」や「文脈」といった概念を取り入れて説明を行ったものも見られるが，［S1ケド（S2）］という発話がどのようにそれぞれの用法として認識されるのかという問題に関しては十分な説明に至っていない。これらの問題について考えるためには，当該の発話がどのような状況で発せられたのかという文脈を詳細に分析するとともに，そのような文脈の中でどのように解釈されて各用法の認識に至るのかという観点からの考察が必要であると考えられる。

　また，そのように従来の研究の多くが文レベルで行われてきたために，接続助詞ケドが談話展開にどのように関わるかについては十分に明らかにされていない。南（1993）において，接続助詞ケドは「文どまりではなくて談話のレベルにおけるなんらかの要素としてふるまう性質を持つと考えられる」と談話レベルでの考察の必要性が示唆されているが，接続助詞ケドが談話展開にどのように関わるかについてはこれまでの研究において十分に明らかにされているとは言えない。先行研究の中には「談話機能」について考察を行ったものもあるが（今尾1994，三原1995，山崎1998など），実際にそこで行われているのは一部の用法について，発話行為あるいは談

第1章　接続助詞ケドに関する先行研究　33

話の一部分に着目しての考察であり，談話全体を視野に入れ，その談話展開に接続助詞ケドがどのように関わるかについては未だ明らかにされていないと言える。

　本書では，先行研究に残されたこれらの問題について，「談話」という観点から考察することにより，接続助詞ケドの各用法の認識に至る解釈過程とそれにもとづく談話展開上の働きを明らかにする。

第2章　接続助詞ケドの用法間の関係

　前章で見たように，接続助詞ケドには逆接用法，対比用法，前置き用法，提題用法，挿入用法，終助詞的用法という六つの用法が存在する。我われは［S1ケド（S2）］という発話を解釈する際に，これら六つの用法のいずれか一つの用法として認識するのであるが，そのような認識はどのようにして可能になるのであろうか。ここで，次の例を見てみたい。

　　（1）これXが書いた本だけど，すごく面白いよ。（永田・大浜2001の
　　　　例（12））

　例（1）は上の六つの用法のうち，どの用法として解釈されるであろうか。それは，この発話に先立ち，どのようなことが話されていたかによって異なるであろう。例（1）に先立って「Xが書く本は面白くない」ということが話題となっている場合には逆接用法として解釈されるであろうし，そのようなことが話題となっておらず，またXという作家の名前も初めて聞くような場合には提題用法として解釈されるのではないだろうか。このことはケドの各用法と表現形式との関係が予め決められた固定的なものではなく，ある表現形式をどの用法として我われが認識するかということは，文脈的要素と関わりながら，解釈の過程で決定されるものであることを示唆している。従って，「用法間の関係」という問題について考えるためには，従来の文レベルでの考察ではなく，文脈も考慮に入れた発話レベルでの考察が必要である。

　本章では，この問題についてSperber & Wilson（1986）において提唱さ

れた関連性理論の枠組みで考察を行い，接続助詞ケドの各用法は発話の
「最適な関連性（optimal relevance）」を追求することで決定されるという連
続的な関係にあることを明らかにする。

2.1 関連性理論—発話解釈に関する語用論的枠組み—

　本節では，各用法に関する具体的な考察に先立ち，考察の理論的枠組み
となる関連性理論についてまとめる。

2.1.1 文と発話

　接続助詞ケドを発話レベルで考えるに際して，まず「文」と「発話」と
はどのように異なるかについて考えておきたい。両者の間には，「発話」
が時間的・空間的な対象であり，特定の話し手に属するのに対し，「文」
はそれらを捨象した抽象的な対象であるという違いがある（Sperber &
Wilson 1986）。そして，そのような違いから，両者には「意味」の点でも
違いが見られる。例えば，次の例（2）は，「文」として見たときには「発
話者はケーキが大好きである」ということを表しているのみである。

　　（2）私はケーキが大好きです。

　ところが，例（2）を「発話」として見たときには，様々な意味が生じ
ることになる。例えば，例（2）がケーキを食べている人に対して発せら
れた場合には，「あなたが食べているケーキを分けて欲しい」という意味
が生じるであろう。また，ケーキを買ってきてくれた人に対して発せられ
た場合には「ありがとうございます」という感謝を表す意味が，そして「お
土産は何が良いですか？」という問いに対する答えの場合には「ケーキを
お土産に持ってきて欲しい」という意味がそれぞれ生じるであろう。

　このように，「文」の意味がその文を構成する語の意味論的意味の総和
によって規定されるのに対して，「発話」の意味は具体的な文脈の中で規
定されるという違いがある。しかし，ここで「発話の意味」に関して大き

な問題が生じる。それは何故，上に挙げたそれぞれの文脈では一つの意味が規定され，他の意味が選ばれないのかという問題である。すなわち，文脈の中で「発話の意味」はどのように規定されるのかということである。この問題について，以下においては本書で理論的枠組みとする Sperber & Wilson（1986）によって提唱された関連性理論の考え方について見ることにする。

2.1.2　関連性理論

「発話の意味」が文脈の中でどのように規定されるのかについて，関連性理論では「文脈効果（contextual effect）」と「処理労力（processing effort）」という二つの概念が関わるとされる。それらの概念について見るに先立ち，発話解釈において重要な役割を果たす「推論」について見ることにする。

2.1.2.1　推論

Sperber & Wilson（1986）では，以下のような理由から，発話解釈には演繹的な推論が関与すると指摘される。

第1に，世界を概念的に，すなわち想定[4]の集合によって表示するいかなる生物体にとっても演繹体系は貯蔵の大きな節約になるであろう。演繹規則の集合があれば，いかなる想定集合の論理的含意もその演繹規則から復元できるであろうし個別に貯蔵される必要もないであろう。

第2に，世界の概念表示を改善したいと思ういかなる生物体にとっても，それは世界に対する既存の表示に新しい想定を加えた結果を算定する道具を提供するだけでなく，初発の正確な前提から演繹される

4）関連性理論における「想定」とは世界に対して個人が抱く概念的な表示であり，信念，願望，仮説も含まれる。また，それらの真偽は問われない。

いかなる結論の正確さをも保証する道具を提供してくれるであろう。

　第3に，世界に対する概念表示を正確に行いたいと思ういかなる生物体に対しても，それはいかなる既存の表示の一貫性のなさ，すなわち不正確さをも露呈させる道具を与えるであろう。同じような力を持った推論体系で，演繹体系に匹敵する明示性を持った推論体系は開発されていない。　　　　　　（Sperber & Wilson 1986, p.85（邦訳p.101））

　このような演繹的推論が発話解釈の過程でどのように用いられるかについて，Sperber & Wilson（1986）では以下のような例が挙げられている。

　以下の例において，（a）の想定が存在する文脈で（b）が解釈されれば，[1]のような演繹規則によって（c）の含意が導出されるという（pp.99-100，邦訳pp.119-120）。

　　（a）鉄道がストライキ中で，かつ車が故障したら，仕事に行くすべがない。
　　（b）鉄道がストライキ中である。

　　　[1]　連言肯定式
　　　　　　入力：①（もし（PかつQ）ならばR）
　　　　　　　　　②P
　　　　　　出力：（もしQならばR）

　　（c）車が故障したら仕事に行くすべがない。

　また，引き続き（d）が発話されれば，[2]の推論規則によって，先に導出された（c）と（d）から，（e）の含意が導出されるという。

　　（d）車が故障した。

［2］肯定式

　　入力：①P

　　　　　②（もしPならばQ）

　　出力：Q

（e）仕事に行くすべがない。

　関連性理論においては，ある文脈において発話から含意が導出される際にこのような演繹的な推論が関わると考えられる。

2.1.2.2　文脈効果

　次に，関連性理論における中心概念である「関連性（relevance）」を規定する「文脈効果」と「処理労力」という二つの概念についてまとめる。

　Grice（1975）の「会話の協調原則（cooperative principle）」では「質」，「量」，「関連性」，「様態」という四つの格率が設けられているが，Sperber & Wilson（1986）は「関連性」という概念こそが最も重要なものであり，それのみで伝達行為を説明することが可能であるとする。また，Grice（1975）では明確に定義されていなかった「関連性」という概念を「文脈効果」と「処理労力」という二つの認知的概念によって定義している。

　このうち「文脈効果」とは，聞き手にとって顕在的な想定の集合体である聞き手の認知環境が，ある情報を処理することによって改変されることを言う。そして，そのような改変の仕方には「文脈含意」，「強化」，「棄却」という3種類のものがあるとされる。以下に各々について見ていく。

　まず，「文脈含意」とは，ある情報とそれ以前に聞き手が抱いていた想定とが組み合わさることによって，それ以前には聞き手に存在しなかった新たな想定が得られることを言う。例えば「雨が降れば遠足は中止である」という想定を抱いていた子どもが朝起きて「今日は雨が降っているわよ」という母親の発話を聞けば，先に見た「肯定式」という演繹規則によって「今日の遠足は中止である」という想定を得ることになるであろう。そ

のような想定は，それ以前には聞き手である子どもの認知環境に存在しなかったものである。この場合，母親の発話を処理することによって，「文脈含意」という文脈効果が得られたと言える。

　次に，「強化」とは，ある情報を処理することによって，聞き手がそれ以前に抱いていた想定の確信度が強まることを言う。Sperber & Wilson（1986）によれば，聞き手の認知環境における想定の確信度には強弱が存在するという。例えば，家の中にいた母親が，飼い犬が吠えるのを聞けば「お客さんが来たのかもしれない」という想定を抱くであろう。ただし，この時点では犬がただの通行人に向かって吠えた可能性もあるため，そのような想定の確信度は弱いと言える。そのような状況で「お母さん，お客さんだよ」という庭で遊んでいた子どもの発話を聞けば，「お客さんが来たのかもしれない」というそれ以前に存在していた「弱い想定」は「お客さんが来た」という「強い想定」へと変化する。このような場合が「強化」と言われる。

　最後の「棄却」とは，上に見た「強化」とは逆に，ある情報を処理することによって，それ以前に抱いていた想定が棄却されることを言う。例えば，いつも二日酔いばかりしている友人が，気分が悪そうにしているのを見ると「また二日酔いかもしれない」という想定を抱くであろう。しかしながら，そのような想定は「風邪をひいてしまった」という友人の発話によって棄却されることになる。このような場合，「棄却」という認知的効果が得られたと言える。

2.1.2.3　処理労力

　いま，関連性理論で考えられるところの三つの文脈効果について見たが，これらの文脈効果はいずれも発話を解釈することによって得られるものである。関連性理論では，そのように発話を解釈するためには認知的労力を必要とすると考えられている。以下においては，関連性理論における「処理労力」という概念について見ることにする。

　発話の解釈に関する従来の研究（Brown & Yule 1983, Levinson 1983 など）

では，ある発話を解釈するための文脈は，唯一的に，解釈に先立って存在しており，そのような文脈で言語表現が解釈されることで発話の意味が生じると考えられてきた。しかしながら，Sperber & Wilson（1986）によれば，そのような文脈には，実際の解釈には用いられない多くの想定も含まれるため，莫大な処理時間を要することになるという。

　関連性理論では，文脈は解釈の過程において選択され，必要に応じて拡張されるものとして考えられる。ただし，文脈の拡張には認知的な労力を必要とする。例えば，「雨が降れば遠足は中止である」という想定を抱いていた子どもが「今日は雨が降っているわよ」という母親の発話によって「今日の遠足は中止である」という想定を得るという先の例において，母親の発話を聞いた子どもはさらに文脈を拡大して，「今日遠足がなければ来週の日曜日に遠足がある」という想定を呼び出し，「来週の日曜日に遠足がある」という想定を得ることも可能である。ただし，母親の発話から演繹規則を2度用いた推論によって得られる「来週の日曜日に遠足がある」という想定の方が，一つの演繹規則を用いた推論によって得られる「今日の遠足は中止である」という想定よりも多くの処理労力を要することになる。

　同様に，各地の名物について話をしている状況で「私は広島出身です」という発話が行われた場合でも，聞き手は文脈を拡大することによって，「相手は広島の観光地に詳しい」や「相手は広島弁を話す」など様々な想定を得ることが出来るが，それらを得るための労力は異なる。ここで重要なことは，発話解釈に用いられる知識や想定には「呼び出し可能性（accessibility）」[5] が高いものと低いものとがあるということである（Sperber & Wilson 1986）。例えば，「広島」には「名物」，「観光地」，「方言」など様々な知識が付随するが，先行文脈で「名物」のことが話されていれば，「広島の名物」についての知識は他の知識よりも呼び出されやすい状態にあると言える。そのように呼び出し可能性が高い知識を用いた方が，

5）Sperber & Wilson 1986，邦訳p.91

第2章　接続助詞ケドの用法間の関係　41

呼び出し可能性が低い知識を用いた場合よりも，少ない労力で想定を得ることが出来る。

このように関連性理論においては，推論を重ねたり知識を呼び出したりすることには認知的な労力を要すると考えられる。

以上，「文脈効果」と「処理労力」という二つの概念について見てきた。以下においてはそれらの概念によって規定される「関連性」とはどのようなものか，そして関連性理論の中核をなす「関連性の原則（principle of relevance）」について見ることにする。

2.1.2.4　関連性の原則

Sperber & Wilson（1986）は，Grice（1975）では明確に規定されていなかった「関連性」の概念を，次のような二つの程度条件によって規定している。

関連性：
程度条件1：想定はある文脈中での文脈効果が大きいほど，その文脈中で関連性が高い。
程度条件2：想定はある文脈中でその処理に要する労力が小さいほど，その文脈中で関連性が高い。

（Sperber & Wilson 1986，p.125（邦訳p.151））

すなわち，関連性理論における「関連性」とは，ある想定がある文脈中で文脈効果を持つときに生じるものであり，その高低は，そこでもたらされる文脈効果とそれに要する処理労力の兼ね合いによって決定されるというものである。これについて Sperber & Wilson（1986）は次のような例を用いて説明している（pp.125-126（邦訳p.152））。

（a）結婚を予定している人は子供への遺伝的危険の可能性について医師と相談すべきである。

（b）両者が地中海貧血のカップルは，子供を作らないようにという警告を受けるべきである。

（c）スーザンは地中海貧血である。

いま，上の想定（a），（b），（c）から成る文脈で，次の発話（3），（4）が解釈される場合を考えてみる。

（3）スーザンは地中海貧血であるが，ビルと結婚する予定である。

（4）ビルは地中海貧血であるが，スーザンと結婚する予定である。

Sperber & Wilson（1986）によれば，（3）と（4）は同じ概念構造を持ち，同じ演繹規則を使うことが出来るため，発話の処理にかかる労力は同じであるという。しかしながら，文脈効果の点で両者は異なり，（3）では文脈含意①が得られるのみであるが，（4）では文脈含意①に加えて文脈含意②も得られることになる。

①スーザンとビルは子供への遺伝的危険の可能性について医師と相談すべきである。

②スーザンとビルは子供を作らないようにという警告を受けるべきである。

従って，上の文脈においては同じ処理労力でより多くの文脈効果を得ることが出来る（4）の方が関連性が高いことになる（Sperber & Wilson 1986）。

Sperber & Wilson（1986）はこのように「関連性」という概念を「文脈効果」と「処理労力」という二つの概念によって規定した上で，伝達における次のような原則を提唱している。

関連性の原則：すべての意図明示的伝達行為はその行為自体の最適な

第2章 接続助詞ケドの用法間の関係 43

関連性の見込みを伝達する。

最適な関連性の見込み：
　（a）伝達者が受け手に対して顕在化しようと意図した想定集合 |I|
　　　は，受け手がその意図明示的刺激を処理することを価値あるも
　　　のにするだけの関連性がある。
　（b）その意図明示的刺激は，伝達者が |I| を伝達するのに使えた
　　　刺激の中では最も関連性の高いものである。

（Sperber & Wilson 1986, p.158（邦訳 p.192））

　ここでの「意図明示的伝達行為」とは話し手が（言語的）刺激を作り出
し，その刺激によって聞き手に想定集合 |I| を顕在化する意図を持つこ
とを，自分と聞き手の相互に顕在化しようとすることである（Sperber &
Wilson 1986）。意図明示的伝達に関する上記のような原則は，話し手が聞
き手に「解釈」という行為を行わせるためには，自らが伝達しようとする
内容が聞き手にとって有益であり，かつ，それをより少ない労力で得るこ
とが出来るように配慮する必要があるという考えにもとづくものである。
　Sperber & Wilson（1986）によれば，このような考えにもとづく関連性
の原則は次の点で Grice（1975）の協調の原則とは根本的に異なっている
という。それは Grice（1975）の協調の原則は伝達者が特定の効果を上げ
るために破られることもあるのに対して，関連性の原則は話し手が意図明
示的に伝達を行おうとする限り，破りたいと思っても破ることが出来ず，
直接的な発話にも，間接的な発話にも例外なく適用されるということであ
る。そして，関連性の原則がこのような性質を持つために，聞き手が話し
手の意図を復元することが可能になるという。
　先に見たように，ある発話を解釈する際には，推論を重ねることによっ
て様々な想定を得ることが可能であるが，この原則によって，聞き手はそ
のような様々な想定のうち，その時点でより少ない労力で十分な文脈効果
が得られるという「最適な関連性」を持つ想定を探せばよいことになる。

各地の名物について話されている場面で「私は広島出身です」という発話が行われるという先の例において，「広島の観光地に詳しい」や「広島弁を話す」といった解釈が通常行われないのは，文脈を拡大するために多くの処理労力を要するにもかかわらず，それによって得られる文脈効果が報われるという保証がないためであると考えられる。このように，関連性理論では認知的な「文脈効果」と「処理労力」によって規定される「関連性」という概念によって，どのようにして一つの解釈が選ばれるかを説明することが出来る。

　以上見てきたように，関連性理論は認知的な観点から我われの伝達行為および文脈の中で発話がどのように解釈されるかを明らかにしたものである。次節においては，このような理論的枠組みで考察を行った永田・大浜（2001）にもとづきつつ，接続助詞ケドの用法間の関係について明らかにする。

2.2　発話場面から見た接続助詞ケドの用法間の連続性

　前章で見た接続助詞ケドの用法間の関係について明らかにするために，本節ではまず，発話場面を考慮に入れた時に，接続助詞ケドの個々の用法においてはそれぞれどのような解釈過程が成立しているかについて考える。その後，それをふまえて，ケドの用法間にはどのような関係が存在するのかについて考察を行う。

2.2.1　発話場面から見た各用法の解釈過程
2.2.1.1　逆接用法の解釈過程

　1.1.2で見たように，逆接用法においては前件から顕在化する想定が後件によって棄却される。その際，後件によって棄却される想定は前件から顕在化されることが前提とされてきた。しかしながら，先にも述べたように，前件から顕在化される可能性がある想定には様々なものがある。その中から，後件によって棄却される想定がどのようにして選び出されるのかが明らかにされなければならない。

次の例（5）では，前件から顕在化する「一度試験に出た単語がもう試験に出ないのであれば，その単語は覚える必要がない」という想定が後件によって棄却されているが，問題はそのような想定がどのようにして顕在化されるのかということである。

　（5）一度試験に出た単語はもう出ないとは思うけど，覚えた気がする。

　この問題ついて考えるためには，上の例を単独で考えるのではなく，それがどのような状況で発せられたものであるかを考える必要がある。例（5）は次のような状況で発せられたものである。

　（5）' Ａ：でも，こう，本物の過去問とかは，あんまりこう，手を出す気がしなくて。
　　　　Ｂ：たしかにね。
　　　　Ａ：もう，これは出ないしとか。
　　　　Ｂ：その通り。
　　　　Ａ：同じ単語は，もう出ないしな，とか思って。
　　　　Ｂ：たしかにね。でも，気にならない？
　　　　Ａ：なりますね。
　　　　Ｂ：なるね。
　　　　Ａ：でも，これと同じ単語を選べ，とかあるじゃないですか。同じ単語が出る訳じゃないし，とか。
　　　　Ｂ：うーん，たしかにね。出ないとは思うけど，覚えた気がする。この単語知らない，と思って，焦った気がする。

（鈴木 1999 談話資料）

　上の会話は大学院受験を控えた学部生Ａと大学院生Ｂとの会話であるが，この例においては「本物の過去問とかは，あんまりこう，手を出す気

がしなくて」や「同じ単語は，もう出ないしな，とか思って」というAの
発話によって，「一度試験に出た単語が試験に出ないのであれば，その単
語は覚える必要がない」という想定をAが持っていることがAとBの両者
に顕在的になっていることがわかる。

　当該発話の話し手Bはこのような状況で（5）の前件「（試験に）出ない
とは思う」を発している。この時，話し手Bは，聞き手であるAが，最も
呼び出されやすい想定，すなわち「（試験に）出ないのであれば覚える必
要がない」という想定を利用して解釈を行うであろうと仮定することが出
来るであろう。また，A自身も，呼び出し可能性が高められているそのよ
うな想定を利用して解釈を行い，後件の発話解釈へと進むことで，より少
ない労力で，「Bは（自分とは異なり）試験に出ないのであれば，一度試験
に出た単語は覚える必要がないとは考えない考え方の持ち主である」とい
う文脈含意を得ることが出来る。同様のことが次の例（6）においても言
える。

（6）A：西条とかで飲みに出たりすることある？
　　　B：西条ででですか？
　　　A：うん。
　　　B：もう飲む，飲む友達があんまりいないですよね ｜あー｜，も
　　　　　う散らばってしまって。だからあんまり。それにお金もな
　　　　　いし，飲まないですけど，うーん，たまに，ま，普通の居
　　　　　酒屋，安いとこに ｜あー｜ 行きますね。行かれるんですか？
　　　　　｜そう｜ 飲み，｜だから｜ 最近は暇がないでしょ？
　　　A：うん，ない<u>けど</u>，そうね，月に一度，二度ぐらいはね，一
　　　　　人でぶらっと行くね。
　　　B：一人で行くんですか？

（「自由談話」3.2節参照）

この例では「暇がなければ飲みには行かない」という想定が棄却され

第2章　接続助詞ケドの用法間の関係　47

ているが，直前の「最近は暇がないでしょ？」という発話によってBがそのような想定を持っており，それが両者に顕在化されていることがわかる。「（暇が）ないけど，（飲みに）行く」という当該発話を解釈するに際して，聞き手であるBは両者に顕在化されている「暇がなければ飲みには行かない」という想定を用いて解釈を行うことで，より少ない労力で「Aは暇がなくても飲みに行く人物である」という新たな想定を得ることが出来る。

　このように，逆接用法において棄却される想定はそれ以前のやりとりの中で顕在化されており，当該発話の解釈時に呼び出し可能性が高められているものであることがわかる。ただし，そのような想定は必ずしも常に直前の発話の中に存在するとは限らない。例えば，次の例（7）のような場合である。

（7）僕がスイスで大使館の勤めを無事終えた時，大使夫人が，「実はあのとき，私たちはあなたを断ったのよ」って打ち明けてくれたんです。大使の仕事は，日本の国を代表して行くんだから，お客を食事に招待するというのも遊びの要素は全くないし，歳の若いぼくでは無理だと思ったと……。「でも村上さんが，ご心配にはおよびません，ぼくが全責任をもちます。とおっしゃったので，私たちはあなたじゃなくて村上さんを信用してお願いしたのよ」って言われた。ぼくにはキツーイ言葉でしたけど，嬉しかったです。やっぱりラッキーとしか言いようがない。

（妹尾1998, pp.110-111）

　この例では「きつい言葉を言われれば傷つく」といった想定が棄却されているが，先の例（5）や例（6）とは異なり，この想定はそれ以前の発話から直接的に顕在化されるものではない。この場合の想定は我われの常識的な知識から導かれるものであり，そのような知識の確信度が高いために，解釈の際に即座に呼び出されると考えられる。

48

以上，逆接用法について見てきたが，実際に逆接用法が用いられる発話場面に着目することで，「後件によって棄却される想定」がどのようにして顕在化するのかという，従来の研究においては明らかにされてこなかった側面が見えてくる。上記の考察をふまえれば，逆接用法とは，前件の解釈の際に，文脈的な要因によって呼び出し可能性が高められている想定が後件によって棄却され，それ以前に聞き手に存在していた想定に修正が加えられる用法であると言えよう。

2.2.1.2　対比用法の解釈過程

　前章で見たように，従来，対比用法に関しては，前件と後件の述語間の「対立」関係によって説明がなされてきた（松本1989, Itani1996）。しかし，次の例（8）や例（9）に示すように，「述語間の対立」は「テ」や「シ」によっても表されることを考えれば，ケドの対比用法においては述語のカテゴリーが異なることのみが表されているのではないと言える。

　　（8）タカシはアメリカに行って，ハナコはイギリスに行った。
　　（9）タカシはアメリカに行ったし，ハナコはイギリスに行った。

　また，次の例（10）のような対比用法の場合に，前件と後件からそれぞれ「太郎は運動が好き」，「次郎は運動が好きでない」という想定が顕在化され，それらに対立関係を認めるという説明にも問題が残されている。なぜなら，先に述べたように，発話によって顕在化される想定というものは発話状況から切り離しては特定できないものであり，何故そのような想定が顕在化するかの説明が求められるからである。

　　（10）太郎はサッカー部に入ったけど，次郎は吹奏楽部に入った。

　そこで，ケドの対比用法を実際の談話の中で観察してみると，「テ」や「シ」には見られないケド固有の働きが見られ，しかもそのような働きは

第2章　接続助詞ケドの用法間の関係　49

先の逆接用法と重なり合うことが明らかになる。例えば，次の例（11）を
文レベルで見ると，話し手の父親と母親とが「背の高さ」に関して異なる
カテゴリー（「大きい－小さい」）に属することが表されているのみである。

　（11）父は大きいですけど，母は小さいです。

　しかしながら，実際の発話場面において，上の発話によって伝達される
ことはそれにとどまらない。上の例（11）は以下のような「背の高さ」に
ついての3人の会話の一部であるが，このことをふまえて例（11）の解釈
過程を改めて考えてみたい。

　（11）'　A：僕は両親が小さいから仕方がないんです。
　　　　　B：うん，うちも小さいからねえ。Cんとこは大きいの？
　　　　　C：あ，父は大きいですけど，母は小さいです。

（永田・大浜2001の例（5））

　例（11）'の「僕は両親が小さいから（背が低くても）仕方がないんです」
というAの発話および「うちも小さいから（背が低くても仕方がない）」と
いうBの発話から，AとBは「親子の身長は関係がある」と考えているこ
とがわかる。「Cんとこは大きいの？」という背の高いCに対するBの問
いもそのような想定を前提としたものである。このような文脈で，ケドの
前件「父は大きい」は「父が"背が高い"というカテゴリーに属する」とい
うことのみならず，当該文脈で呼び出し可能性が高められている「親子
の身長は関係がある」という想定を顕在化させることになるであろう。そ
して，そのような想定が顕在化した文脈で後件の「母は小さい」が解釈さ
れることで，「母が"背が低い"というカテゴリーに属する」ことが聞き手
に顕在化するのみならず，その時点で顕在化していた「親子の身長は関係
がある」という想定が棄却されることになる。その結果，それ以前に存在
していた「親子の身長は関係がある」という想定に修正が加えられること

50

になるであろう。

　次の例（12）の「魚は食べるけど，カニは食べない」も発話場面から切り離せば，「Aが食べられるもの」に関して，「魚」と「カニ」とが異なるカテゴリーに属することが表されているのみであるように見える。しかし，実際の発話場面において観察すれば，上の例（11）と同様の過程が見出されることがわかる。

　　　（12）A：でも，あたし，タコだめで。実は。
　　　　　　B：あ，そうなんですか。
　　　　　　A：なんか，シーフードがだめ。①アレルギーって言うか。
　　　　　　B：そうなんですか。
　　　　　　A：魚は食べるけど，カニはだめっていう。
　　　　　　B：はあ。え，エビもだめなんですか？②
　　　　　　A：そうそうそう。
　　　　　　B：もったいない。
　　　　　　A：骨がないのが，だめ。
　　　　　　B：え，骨がない。
　　　　　　A：骨がない海の生き物はだめ。

　　　　　　　　　　　　　　　　　　　　（鈴木1999 談話資料）

　例（12）では，Aの「シーフードがだめ」という発話（下線部①）によって，「Aはシーフードを食べることが出来ない」ということが両者に顕在化されている。このような文脈で前件の「魚は食べる」は「シーフードを食べることが出来る」というそれ以前に存在していた想定と矛盾するような想定を顕在化させるであろう。しかしながら，そのような想定は，後件の「カニはだめ」から顕在化する「シーフードを食べることが出来ない」によって棄却され，その結果「Aは一部のものを除いてシーフードを食べることが出来ない」という想定が得られることになる。その後の「エビもだめなんですか？」という発話（下線部②）もそのような想定にもとづい

て，「エビ」というシーフードはどうであるかを質問したものであると考えられる。

　このように，実際の発話場面に着目することで，対比用法の場合にも，単に前件と後件とが比べられているのではなく，逆接用法と同様の過程が含まれていることがわかる。すなわち，前件から顕在化される想定の呼び出し可能性が高められており，そのような想定が後件，あるいは後件から顕在化される想定と対立した結果，棄却されるという過程が対比用法の場合にも存在しているということである。対比用法が持つ次のような特徴もこのことと関わると考えられる。

　まず，前件と後件で対比されるものについて，両者の間には密接な関係が存在するということである。例えば，先の例（10）「太郎はサッカー部に入ったけど次郎は吹奏楽部に入った」が実際に用いられるのは，太郎と次郎が仲良しであるなど両者の間に密接な関係がある場合であり，太郎と次郎をはじめて紹介する次のような状況では用いられないであろう。

　　（10）' ??新しいクラスには太郎と次郎という男の子がいる。今日のクラブ決めで，太郎はサッカー部に入ったけど，次郎は吹奏楽部に入った。

　例（10）'においては，「太郎はサッカー部に入って～」もしくは「太郎はサッカー部に入り～」の方が自然であるように思われる。このような場合には「太郎」と「次郎」という比べられる両者の関係が希薄であり，後件によって棄却されるような想定が前件から顕在化されず，棄却の関係が成立しないために不自然に感じられると考えられる。

　また，1.1.3で見たように，対比用法の特徴として，前件と後件とを入れ替えると意味が変わるということが指摘されている（松本1989）。例えば，例（13a）では「ドイツ語もできるが，ドイツ語より難しい中国語もできる」という意味であったものが，前件と後件を置き換えた例（13b）では「中国語もできるが，中国語より難しいドイツ語もできる」という意

味になるというものである（松本1989）。

（13a）私はドイツ語もできる<u>けど</u>，中国語もできる。（第1章（13a）
　　　再掲）

（13b）私は中国語もできる<u>けど</u>，ドイツ語もできる。（第1章（13b）
　　　再掲）

　対比用法が持つこのような特徴についても文脈の中で考えてみる必要が
あるであろう。先に見たように，「魚は食べるけど，カニは食べない」と
いう例（12）の発話は，当該文脈において「Aは一部のものを除いてシー
フードを食べることが出来ない」という想定を顕在化させるが，同じ文脈
で「カニは食べないけど，魚は食べる」のように前件と後件とを入れ替え
た場合には，前件（「カニは食べない」）から顕在化した「シーフードを食
べることができない」という想定が後件で棄却されることになる。そして
その結果，「Aは一部のものを除いてシーフードを食べる」といった想定
が顕在化することになるであろう。このように，前件と後件とを入れ替え
ることで棄却される想定が変わるために意味の違いが生じることになる。
すなわち，前件と後件とを入れ替えると意味が変わるという対比用法の特
徴も「棄却」という過程の存在と関わるものであると言える。
　ここで，上の例（13a）と例（13b）を見ると，前件と後件で対比される
ものが「話し手ができる外国語」という同じカテゴリーに属していること
がわかる。これまで見た例（10）〜例（12）では，前件と後件で対比され
るものが異なるカテゴリーに属していたが，最後に，対比されるものが同
じカテゴリーに属する対比用法の例についても，発話場面に着目して考え
ておきたい。

（14）ピーマンも嫌い<u>だけど</u>，ニンジンも嫌い。

　例（14）では，「ピーマン」と「ニンジン」とが同じ「話し手が嫌いな

もの」というカテゴリーに属している。しかしながら，実際の発話場面に着目すれば，このような場合もこれまでと同様の過程が存在することがわかる。

例（14）がどのような場面で用いられるかを考えてみると，例（14）は次のようなやり取りの中で見られた発話である。

> （14)'　A：僕は子どもの頃からピーマンが食べられないんだ。
> 　　　　 B：私は，ピーマンも嫌いだけど，ニンジンも嫌い。

例（14)'では，直前のAの発話によって「Aはピーマンが嫌い」という想定が両者に顕在化されている。そのような状況で「ピーマンが嫌いである」という当該発話の前件は「食べ物に関する好みは相手と同じである」という想定を聞き手に顕在化させることになるであろう。しかしながら，そのような想定は後件によって棄却されることになり，その結果，「食べ物に関するAとBの好みはまったく同じというわけではない」という想定が顕在化することになる。このように，前件と後件とが同じカテゴリーに属し，例（10）〜例（12）とは異なるように見える例（14）も，発話場面に着目すれば，例（10）〜例（12）と同様の過程を持つことがわかる。

以上，対比用法について見てきたが，実際の発話場面に着目して考察を行うことで，対比用法においては，単に「述語間の対立」が表されているのではなく，逆接用法と同様に，前件から呼び出される想定が後件によって棄却されるという過程が含まれていることがわかる。すなわち，「対比用法」という従来の分類は，「述語間の対比」という表現レベル上の特徴による分類であり，本質的には逆接用法と同じものであると言えよう。

2.2.1.3　前置き用法の解釈過程

次に，前置き用法について考える。まず，前置き用法がどのような状況で用いられるかについて見てみたい。

（15）それにしても，篠山さんは作家を60人も，よく撮りましたね。撮影後記に書いてあった<u>けど</u>，篠山さんが撮ることに対して，それぞれの作家の個性的な反応が，写真にそのまま出ていて面白いと思った。　　　　　　　　　　　　　　　　（妹尾1998，p.36）

　先に見たように，逆接用法や対比用法では前件から顕在化される想定が後件によって棄却されるが，例（15）において，そのような関係を見出すのは困難であるように思われる。従って，前置き用法について考えるためには，逆接用法や対比用法とは異なる視点が必要になるであろう。また，そのように異なる視点から捉えることにより，逆接用法や対比用法との関係も明らかになると考えられる。

　前置き用法について考えるための視点としては，1.3.2で見た山崎（1998）の「前件は後件への補足，あるいは後件の解釈を阻害する要因を排除するものである」という視点が有効であると思われる。例（15）は篠山氏が出版した写真集についての話であるが，後件で述べられている「それぞれの作家が個性的な反応をした」ということについては，これ以前に篠山氏から話されておらず，撮影の現場にいなかった話し手には知ることの出来ない情報である。従って，もし当該文脈で後件のみが述べられれば，「何故そのことを知っているのか」という想定が聞き手に生じることになるであろう。ところが，例（15）のように，前件において「撮影後記に書いてあった」ということが示されることで，そのような想定が聞き手に生じることはなくなる。すなわち，例（15）においては，「当該文脈において後件のみを述べた場合に呼び出されるであろう想定が実際に呼び出されることを前件が抑制する」という関係が成立していると考えられる。前置き用法が見られる他の状況についても同様のことが言える。

（16）それと，先生，おもしろいのは，男と女の作詞家って，どこか違うんですよ。というのは，先生は違います<u>けど</u>，男の作詞家の場合，たとえば「あなたのそばに置いて欲しいのよ」という

具合にわりと言い切っちゃうんですね。つまり女の願望を力強くストレートに打ち出す。ところが女というのは，ああしてほしい，こうしてほしいって，ホレた男に言えないのが本音。

（山口1988，p.67）

　例（16）においては，話し手が女性，聞き手が男性の作詞家であるが，このような状況で「男の作詞家の場合，たとえば『あなたのそばに置いて欲しいのよ』という具合にわりと言い切っちゃうんですね」と述べれば「男性作詞家である聞き手もそれに該当する」という想定がそこから顕在化するのは明らかであり，それに対して反論されるおそれがある。「先生は違います」という前件は，そのような想定が顕在化するのを抑制する働きをしていると言える。
　ここで，前置き用法の前件によって抑制されるのは，例（15）や例（16）のように，後件の内容から顕在化する可能性があるものに限らないということに注意すべきであろう。

　　（17）ちょっとMさんに聞きたいんですけどね，要するに，いま，この少年法の議論になっている，ま，いろんな，あのー，驚くような事件ですよね，その事件が頻発してくると，何か社会はおかしいんじゃないかとあの……

（永田・大浜2001の例（6））

　例（17）は討論番組において見られた例であるが，前件の「ちょっとMさんに聞きたいんです」によって抑制される想定は後件の内容から呼び出される想定ではない。ここでは発話権（ターン）に関する想定，すなわち，後件のみを発話した場合に，「討論」という性格上呼び出されるであろう「参加者全員に発話権が与えられている」という想定が前件によって抑制されていると考えられる。このように前置き用法における前件は，後件の内容のみならず，文脈から顕在化するであろう想定を抑制する働き

もする。

　これまで見てきたように，前置き用法においては，当該文脈で後件が解釈された場合に，その場の状況あるいは後件の内容から呼び出される可能性が高いと話し手が考える想定が，実際の解釈の際に聞き手に顕在化することが前件によって抑制されていると言える。

2.2.1.4　提題用法の解釈過程

　1.1.5で見たように，提題用法は後件で叙述されることになる題目が前件で提示されるという特徴を持つ。ここで注目すべきは，何故そのように題目が提示されなければならないのかということである。この問題について，以下の二つの例をもとに考えてみたい。

> （18）A：あ，Cさんご存じなんですか？なんでご存知なんですか？
> 　　　B：教育実習の時，一緒だったんですよ，私。
> 　　　A：なるほど，今（Cさんはタイに）行ってて，で，なんかタ
> 　　　　　イ語が出来るようになったって言ってた ⌊あ，そうなんで
> 　　　　　すか⌋ らしいですよ。　　　　　　　　　　　（「自由談話」）

　例（18）の下線部においては，会話の参加者AとBの共通の友人であるCについて述べられているが，そこでは「Cさんについてですけど」などのように改めて題目が提示されることはない。他方，次の例（19）の下線部のように，話し手がこれから述べようとすることが文脈上，明らかでない場合に，題目が提示されなければ，先行文脈と当該発話との関係について聞き手の理解が困難となることが予想される。

> （19）A：修論，どうですか？
> 　　　B：えーと，今日，実は構想発表の時間だったにもかかわらず，
> 　　　　　実は構想が出せずに，ただの発表に終わったという。
> 　　　A：うーん，私も，なんか夏に，夏休み中に1回と11月に1回，

発表があったんですけど，1回目と2回目，もう全然違う
んですよ。　　　　　　　　　　　　　　　　（「自由談話」）

　例（19）では，大学院生の会話参加者AとBによって修士論文の進み具
合についての会話が行われている。そこでは，Bが自らの現状を述べた後
にAも自らの現状について述べている。この時，Bの発話の直後に「1回
目と2回目で（発表内容が）全然違う」という後件のみをAが述べれば，
先行文脈との関わりが不明で，聞き手であるBの理解が困難となることは
明らかであろう。しかしながら，「夏休み中に1回と11月に1回発表があっ
たんですけど」という後件を理解するための情報がケド節で事前に提示さ
れているために，聞き手にそのような困難さが生じることはない。すなわ
ち，例（19）のケド節は「先行文脈と当該発話との関係について聞き手が
抱くであろう想定」を抑制する働きをしていると考えられる。
　このように，提題用法における前件も，前置き用法と同様，後件が当該
文脈で解釈された場合に聞き手が抱くであろう想定の顕在化を抑制する働
きをしていると考えられる。両者の違いは，提題用法のケド節の働きが
「先行文脈と当該発話との関係について聞き手が抱くであろう想定」を抑
制することに特定されているところにあると言える。このような提題用法
の特徴は，同じく題目を表す提題の「ハ」と比較することで一層明らかに
なる。

　（20）太郎と花子が二人で暮らしていた。ある日，太郎は町に出かけ
　　　　た。

　例（20）の「太郎は町に出かけた」では「太郎」を主題として取り上げ，
それについての叙述が行われているが，もし，この例において「太郎は」
が発話されなければ「町に出かけた」のは太郎であるのか花子であるのか
それとも二人であるのかについて聞き手に疑問が生じるであろう。このよ
うに考えれば「名詞句＋提題のハ」も提題用法のケド節と同様，それなし

58

で発話を行った場合に生じるであろう想定を抑制する働きをしていると言える。このように両者は機能的には類似しているが，相違点も存在する。

1.1.5で見たように，亀田（1998）は「ハ」が旧情報をマークするのに対して，提題用法にはその様な制約がなく，新情報でも旧情報でもマークすることができると指摘する。ここで，同じく旧情報をマークする場合であっても，発話場面に着目すれば，両者には違いが存在することがわかる。

先の例（20）において，提題のハによってマークされる名詞句（「太郎」）は直前の文脈に存在しており，解釈時に呼び出し可能性が高められている。そのように呼び出し可能性が高められている名詞句がその後の解釈（「街に出かけたのは誰か」）を限定する働きをすることを示すために，ここでは「ハ」が用いられていると考えられる。では，提題用法のケドが旧情報をマークする場合はどうであろうか。

（21）で，あのー，少年法というときに，少年が犯罪を犯した，犯罪を犯した少年の処遇とそれからそうじゃなくて親が子供をほったらかしにして保護を十分してくれない，それからまあ非常に困っているというようなそういう少年を保護する場合と明らかに二つの種類がありますから，これを同一に論じることはちょっと問題があるんじゃないかと。で，いま，H先生おっしゃいましたように，十分捜査もしないでなんとかかんとかということになりますが，それは犯罪少年として犯罪を捜査しなきゃいけないと思ってるわけじゃないもんですから，十分，何故ね，少年審判というのは，現在の少年法でいえば，審判は和やかにですね，仲良くですね，やらなければいけないというふうに書いてありますからね，そういうその法律の精神というのがまったく違うんですね。　　（永田・大浜2001の例（8））

例（21）において，接続助詞ガ（ケド）は「警察が十分捜査をしない」という，それ以前に話題となった旧情報をマークしているが，そこでマー

クされている情報の当該文脈における呼び出し可能性は提題のハの場合とは異なる。提題のハの場合には，先に見たように，それによってマークされるものの呼び出し可能性が解釈時に高められていたが，例（21）では，直前に「少年法の取り扱い」が話題とされているため，ケド節で提示されている「警察が十分捜査をしない」という話題の呼び出し可能性は低い。従って，上記の文脈において，もしケド節で話題が提示されなければ，先行文脈と当該発話との関わりを聞き手が理解することが困難になることが予想される。すなわち，「名詞句＋提題のハ」も提題用法のケド節も，どちらも当該文脈で発話を行った場合に顕在化するであろう想定を抑制するが，提題用法のケド節の場合には，後件を解釈するための文脈となる情報の呼び出し可能性が高められておらず，後件の解釈が困難であると思われる時に，それを指定する働きをするという特徴があると言える。

　以上見てきたように，接続助詞ケドの提題用法は，その解釈過程に着目すると，本質的には前置き用法と同じであるが，当該発話を解釈する文脈を指定することにその働きが特定されているという特徴がある。以下においては，ケド節のみで独立して用いられる挿入用法や終助詞的用法について考え，それらの用法がこれまで見てきた前置き用法，提題用法と連続的なものであることを示す。

2.2.1.5　挿入用法の解釈過程

　挿入用法は発話の途中でケド節が提示されるものであり，他の接続助詞には見られない接続助詞ケドに特徴的な用法である（国立国語研究所1951）。そのようにケド節が独立的に用いられる場合であっても，実際の談話の中で観察すると，上に見た前置き用法や提題用法と同様の解釈過程を持つことがわかる。

　（22）　一般擁護の見地も，特別擁護の見地からいっても死刑をもって
　　　　　相当だと思ったとしても，少年法の年齢でですね，18歳未満
　　　　　だったら無期懲役になっちゃうわけですよ。で，無期になる

と，今度，少年は，まあ7年で出ることはないと思いますけど，最低7年で世の中に出ることが出来るわけですね，仮出獄できるわけですよ。ということは18歳以上だったら，死刑になった少年が少年法によって7年で世に出る可能性がある。

（「朝まで生テレビ」2000年6月30日放送）

例（22）では，これまで見てきた各用法とは異なり，「無期になると今度，少年は」と言いかけ，発話の途中でケド節を提示している。このようなケド節は「無期になると少年は最低7年で世の中に出ることが出来る」という発話を行う途中で，討論に参加している他の専門家達から「7年で出ることはない」と反論されると考えた話し手がそのような想定を抑制するために提示したものであることは明らかであろう。

次の例（23）においても同様に，「生きているということはリスクがあることである」という，あたかも事件に巻き込まれるのは仕方がないという発話を行った場合に，討論の参加者達さらには視聴者が抱くであろう「被害者の気持ちを考えたことがあるのか」という想定を抑制するためにケド節が提示されていると考えられる。

（23）あの，生きてるということは，あのー，大変被害者の方には申し訳ないですけど，やっぱりリスクがあることだろうと思います。どんな事でも命を落とす機会というのは，ゼロではないわけですね。　　　　　（「朝まで生テレビ」2000年6月30日放送）

このように，挿入用法におけるケド節も，前置き用法や提題用法と同様，ケド節が提示されなかった場合に顕在化するであろう想定を抑制する働きをしている。話し言葉では，考えながら話していくという特徴があるため，発話の途中など思いついたところで挿入されるが，もし上の例（22）と例（23）が書き言葉として産出される場合には，当該のケド節が文の最初に置かれ，それぞれ「7年で出ることはないと思いますけど，無期にな

ると，今度，少年は最低7年で世の中に出ることが出来るわけですね」，「大変被害者の方には申し訳ないですけど，生きてるということはやっぱりリスクがあることだろうと思います」などのように，前件と後件からなる前置き用法として提示されることになると思われる。このように考えれば，挿入用法におけるケド節は出現位置が特殊であるものの，その働きは前置き用法や提題用法と同じものであると言えよう。

2.2.1.6　終助詞的用法の解釈過程

　1.1.7で見たように，接続助詞ケドの終助詞的用法は「Ａケド。」という形をとり，後件に相当するものが存在しない。このような終助詞的用法の解釈過程について，永田・大浜（2001）では，「何も発話しない」という後件（φ）が存在し，「何も発話しない」という行為を行った場合に顕在化するであろう想定を前件は抑制すると述べられている。これに対して，大浜（2009）はそのような説明に疑問を呈し，「対立関係」という観点から考察を行っている。大浜（2009）によれば，終助詞的用法には「対立関係」が存在し，逆接用法や対比用法と連続的な関係にあるという。例えば，次の例（24）では以下のような対立関係が存在すると説明される。

　　　（24）僕，ざるそばですけど。（大浜2009の例（9））

　上の例（24）は，注文とは異なる天丼が運ばれてきたという状況で，客から店員に向かって発せられた発話である。この時，話し手である客Ａは想定①を有しており，例（24）を発することで，想定②を聞き手である店員Ｂに導き出させることを意図しているという。

　　　①客Ａは天丼を注文していない。→店員Ｂは客Ａに天丼を運ぶ。
　　　②客Ａは天丼を注文していない。→店員Ｂは客Ａに天丼を運ばない。

　すなわち，「天丼を注文していない」にも関わらず「店員Ｂが客Ａに天

丼を運んできた」（→①）という状況において，「ざるそばです（＝天丼を
注文してない）」に「対立関係」を表すケドを付して発することで，それと
は対立する想定②（「客が天丼を注文していないのであれば客に天丼を運ばな
い」）を導き出させ，「天丼を運んできたのは間違いである」ということに
気付かせようとしているということである。

　しかしながら，実際の談話を観察すると，そのような「対立関係」では
説明できないような例も存在する。例えば，以下の例（25）のような例が
見られる。

　　（25）A：今の時期（お客さんが）多分すごく多いですよね。①
　　　　　B：そうそうそう。②
　　　　　A：なんか予約がいっぱいって聞いたんですけど。
　　　　　B：そうなんよ ｜ヘー｜。だから，ま，でも，ね，だんだん，
　　　　　　　一人で飲んでて，客増えたらしょうがないカウンターの
　　　　　　　中入ろうかとか。　　　　　　　　　　　　　（「自由談話」）

　例（25）では，話題とされている店の混み具合について，その店で以前
にアルバイトをしていたBに対して終助詞的用法によって問いかけられて
いる。この時，直前の「今の時期（お客さんが）多分すごく多いですよね」
という確認の発話（下線部①）に対してBが「そうそうそう」と返答して
おり（下線部②），AとBとの間に認識の違いは存在していないように思わ
れる。このような状況で「予約がいっぱいって聞いたんですけど」という
発話はどのような「対立関係」を表しているのであろうか。

　また，大浜（2009）では，次の例（26）のように「問いに対する答え」
の中で終助詞的用法が用いられる例が挙げられている。

　　（26）B：表の車，誰の？
　　　　　A：僕のですけど。（大浜2009の例（12））

例（26）では，「表に置いてある車」について何か「問題がある」と考えているBと特に「問題がある」とは考えていないAとの間に「対立関係」が存在すると説明される。しかしながら，同じく「問いに対する答え」の中で用いられる場合であっても，次の例（27）の場合にはそのような「対立関係」を見出すのが難しいように思われる。

(27) A：今，なんか，ご専門は何を勉強されてるんですか？
B：あ，日本語教育なんですけど。

例（27）ではBの専門についてのAの問いに対して，Bがケドの終助詞的用法によって答えているが，ここではAがBの専門について尋ねているのみであり，そのような「対立関係」を認めることは難しいと思われる。
このように，終助詞的用法の中には「対立関係」を認めるのが難しい例も多く見られる。そこで本書では，ケド節が独立して用いられるという先に見た挿入用法の特徴に着目し，前置き用法や提題用法の延長上に位置づけて終助詞的用法について以下のようにとらえてみたい。
例えば，先の例（25）における「なんか予約がいっぱいって聞いたんですけど」という終助詞的用法においては「（話題になっている店は）予約がいっぱいだということを聞いたことがある」ということが表されているのみである。しかしながら，それに対するBの発話を見ると「そうなんよ（＝その通りである）」と返答しており，直前の終助詞的用法が単に「予約がいっぱいと聞いたことがある」という事実の伝達にとどまらず，確認要求もしくは情報要求の発話としてBに解釈されていることがわかる。このような解釈が行われるためには，その前提として，先に見た前置き用法や提題用法と同様の解釈過程が存在していると考えられる。すなわち，「なんか予約がいっぱいって聞いたんですけど」というケド節が前置きあるいは提題としての役割を果たすような想定がBに想起され，そのような反応を生じさせたと考えられる。ただし，そのようにケド節から想起される想定は文脈によって異なる。例（25）の場合には，「Bが当該の店でアルバイ

トをしていた」ということが両者に顕在化しているため，確認要求もしくは情報要求に関する想定がケド節から想起され，上記のようなBの発話を生じさせたと考えられる。

　この点について，白川（2009）では，ケド節の談話における機能は「聞き手に参照情報を提示すること」であると指摘されている。例えば，次の例（28）では，話し手は聞き手が何かをするために参考になる情報として「そろそろ出かける時間である」という情報を提示しているのみであり，積極的に行為を求めてはいない。そして聞き手は，与えられた情報を参考にして，「話を止めて出かける」あるいは「出かけるのを遅らせて話を続ける」など，自らの行為を決定することになる。

　　（28）（出かけ際に他の部署の人と会い，話し込んでいる上司に対して）
　　　　　そろそろ出かける時間ですけど。

　本書における終助詞的用法のとらえ方も白川（2009）に通ずるものであるが，ケド節がそのように参照情報として働く背景には，前置き用法や提題用法と同様の解釈過程が存在していると考えられる。

　また，終助詞的用法が「丁寧さ」に関わるのも（金井1996），そのような解釈過程が存在するためであると考えられる。Brown & Levinson（1987）によれば，我われは対人関係において「フェイス」を保ちたいと望んでいるという。そのように我われが保ちたいと望むフェイスには「自分の行動を他人に邪魔されたくない」というネガティブ・フェイスと「自分の欲求が他人にとっても望ましいものであってほしい」というポジティブ・フェイスの二つの種類がある。

　上の例（28）において，終助詞的用法のケド節が前置きあるいは提題としての役割を果たすような想定は「まだお話を続けられますか？」や「お話を止めていただいてもよろしいでしょうか？」など，様々なものが考えられるが，それらはいずれも相手のネガティブ・フェイスに関わるものである。例（28）の場合には，そのような想定を明示的に伝達しないことで，

「丁寧さ」が生じることになると考えられる。

　また，終助詞的用法においては「（統語的に前提とされる）後件を発話しない」ということ自体が「行使中のターンを放棄して，その後の会話のイニシアティブを相手に渡す」というメッセージを聞き手に伝達することになると考えられる。このことも「丁寧さ」に関わると考えられる。例えば，次の例（29a）と例（29b）はいずれも相手の意見に反対する際の発話であるが，同じく反対していながら，相手の考えを一方的に否定している（29a）よりも（29b）の方がやわらかで丁寧な印象を受ける。

　　（29a）君の考えは間違っていると思う。
　　（29b）君の考えは間違っていると思う<u>けど</u>。

　例（29b）においても，先に述べたように，ケド節が前置きあるいは提題としての役割を果たすような「どう思いますか？」や「私の方が間違っていますか？」などといった想定が当該文脈において聞き手に非明示的に伝達されることになるが，そのように相手からの反論を許すかたちがとられることで，聞き手のポジティブ・フェイスが尊重されていると言える。それに加えて，「後件を発話しない」ことがメッセージとなり，話し手が自らのターンを放棄して相手にイニシアティブをとらせることが伝達された結果，反論の余地が大きくなり，丁寧さが増すと思われる。

　このように，接続助詞ケドの終助詞的用法に関して，従来指摘されてきた「丁寧さ」は終助詞的用法のケド節が前置きあるいは提題としての役割を果たすような想定が非明示的に伝達されることおよび「後件を発話しない」という行為を行うことによって相手にターンを譲渡し，イニシアティブをとらせるということと密接に関わるものであると考えられる。談話におけるターンの譲渡やイニシアティブをとらせることに終助詞的用法が関わるということについては，第4章で改めて分析・考察を行う。

2.2.2 解釈過程から見た接続助詞ケドの用法間の関係
2.2.2.1 接続助詞ケドの用法間の共通点

これまで，接続助詞ケドの各用法における解釈過程について，発話場面に着目して考察を行ってきた。ここから，接続助詞ケドの六つの用法は二つに大別することができ，1) 逆接用法と対比用法，そして 2) 前置き用法，提題用法，挿入用法，終助詞的用法はそれぞれ連続的な関係にあることが明らかになった。永田・大浜（2001）はこのような関係を次のように図示している（一部修正）。

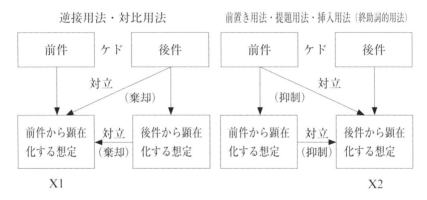

図1　接続助詞ケドの二つの解釈過程

図1から，逆接用法，対比用法と前置き用法，提題用法，挿入用法，終助詞的用法との間には次のような共通点があることがわかる。

まず，いずれの用法においても接続助詞ケドが用いられる際には，聞き手がどのような想定を呼び出すか（図中のX1，X2）を話し手が推測する過程が含まれるということである。例えば「一生懸命勉強したけど，合格できなかった」という逆接用法の場合，話し手は当該文脈で「一生懸命勉強した」と述べることで，「合格した」（X1）という想定が聞き手に呼び出されるであろうと推測している。先に見たように，対比用法についても同様のことが言える。また，「Mさんに聞きたいんだけど，いまこの少年

法の議論になっている…」という前置き用法の場合，話し手は当該文脈で後件のみを述べることで討論の他の参加者に生じると思われる「自らに発話権がある」という想定（X2）を推測して前件を付加しているのである。これは提題用法や挿入用法についても同様である。終助詞的用法に関しても，話し手が非明示的に伝達したい想定（X2）が存在しており，そのような想定が呼び出されることを見越して，ケド節が単独で提示されると考えられる。

　接続助詞ケドの各用法に共通する二つ目の特徴は接続助詞ケドの前件（あるいは前件から顕在化する想定）と後件（あるいは後件から顕在化する想定）とは両立しないということである。例えば「一生懸命勉強したけど，合格できなかった」という逆接用法の場合，前件から顕在化する「一生懸命勉強すれば合格する」という想定と後件の「合格できなかった」は両立することが出来ない。また，「田中さんが言ってたけど，山田部長，来月，転勤になるらしいよ」という前置き用法の場合も同様に，当該文脈で後件のみを聞いた場合に聞き手が抱くであろう「誰から聞いたのか」という想定と「田中さんが言ってた」という前件も両立し得ない。永田・大浜（2001）では，このような関係に対して「否定」と名付けられていたが，尾谷（2005）が指摘するように，「否定」には「聞き手の意識にのぼった誤った想定を削除する」というニュアンスが伴うため，特に「抑制」の過程を説明する際に問題が生じる。従って，本書ではこのように両立しえない二つの想定間の関係を「対立」と呼ぶ。

　そのように対立する二つの想定が存在する場合，解釈の過程でどちらか一つの想定が排除され，対立関係が解消されることになる。その際の基準になるのは，それぞれの想定の確信度である。認知的効果の面から言えば，確信度の高い想定を残した方が認知的効果は高くなる。先の逆接用法の場合には，「一生懸命勉強すれば合格する」という知識から導かれる想定よりも，実際に発話された後件（「合格できなかった」）の方が確信度が高いため，最終的に後件の方が残されることになる。逆に，前置き用法の場合には，顕在化するかもしれないと仮定された想定よりも，言語化され

た前件の方が確信度が高いために，前件の方が残されることになる。

　これまでのことをまとめると，「対立する二つの想定が存在し，確信度の低い想定は確信度の高い想定によって，解釈の過程で排除される」という関係が終助詞的用法を除く接続助詞ケドの各用法に共通して認められると言える。そして，そのような対立関係は，「棄却」と「抑制」という二つの形で解消される。逆接用法や対比用法では，前件から顕在化する想定を後件あるいは後件から顕在化する想定が「棄却」するという形で対立関係が解消される。一方，前置き用法，提題用法，挿入用法では，後件から顕在化するであろう想定を前件あるいは前件から顕在化する想定が「抑制」するという形で対立関係が解消される。

　後件が提示されない終助詞的用法では，直接的に「抑制」の関係は成立しないが，ケドによって表されるそのような「対立」の関係を前提として，非明示的に伝達される想定が聞き手に顕在化されることになると考えられる。

　ここで疑問が二つ生じる。一つ目は，どちらも「当該文脈で解釈された場合に顕在化すると思われる想定が排除され，対立関係が解消される」という過程を含みながら，排除される想定を導出する内容が前件に置かれる場合（「棄却」）と後件に置かれる場合（「抑制」）という二つのタイプが存在するのは何故かということである。そして二つ目は，我われが「S1ケドS2」という発話を解釈する際に，どちらの解釈過程が成立するのか，すなわち，「逆接・対比的な解釈」か「前置き・提題的な解釈」かはどのように決定されるのかということである。これらの問題について考えることで，接続助詞ケドの用法間の関係がより明らかになると思われる。以下にこれら二つの問題について考えてみたい。

2.2.2.2　「棄却」と「抑制」の関係

　まず，一点目の何故「棄却」と「抑制」という二つのタイプの対立関係の解消のされ方が存在するのかという問題についてであるが，これには排除される想定の性格が関わると考えられる。例えば「一生懸命勉強したけ

ど，合格できなかった」という発話の場合，話し手が意図するところは聞き手が抱いているであろう「一生懸命勉強すれば合格する」という想定が成立しないことを示すことであるが，そのためには排除されることになるそのような想定を聞き手に呼び出させる必要がある。

　一方，例えば「たいしたことないらしいんだけど，胃にポリープが見つかったんだ」という前置き用法の場合には，当該文脈で後件の「胃にポリープが見つかった」が解釈された場合に生じるであろう相手を心配させるような想定の顕在化を前件が抑制していると考えられる。ここで重要なことは，そのように排除される想定が顕在化することを話し手は望んでいないということである。

　このように，同じく当該文脈で解釈された場合に顕在化するであろう想定であっても，両者には違いがある。逆接用法や対比用法の場合にはそのような想定を聞き手に顕在化させる必要があるのに対して，前置き用法や提題用法の場合には，そのような想定を聞き手に顕在化させることを話し手は望んではいない。排除される想定を導出する内容が前件で提示されるのか，あるいは後件で提示されるのかという違いは，このような発話意図の違いから生じるものであると考えられる。すなわち，話し手が排除しようとする想定を顕在化させる必要がある場合には，それを顕在化させるような内容が当該文脈において前件で発話されることになる。一方，話し手が排除しようとする想定が聞き手に顕在化することを望まない場合には，前件で当該文脈に修正を加えた上で発話されるということである。

　以上見てきたように，対立関係の解消に際して，排除される想定がどのような性格のものであるかによって，前件で提示されるか後件で提示されるかが決定されると考えられる。

2.2.2.3　発話解釈における連続性

　次に，我われが［S1 ケド S2］を解釈する際に，図1に示した逆接・対比的な解釈と前置き・提題的な解釈のどちらの解釈過程が成立するかということはどのように決定されるのかという問題について考える。まず，次

の例を見てみたい。例（30）と例（31）はそれぞれ逆接用法，前置き用法として解釈され，どちらの解釈が行われるかは解釈に先立って決まっているように思われる。

（30）テストで0点をとったけど，先生にしかられなかった。
（31）花子から聞いたんだけど，太郎，会社を辞めるつもりらしいよ。

しかしながら，本章の初めに提示した例（1）では，発話がなされる状況によってどちらの解釈が行われるかが決定される。

（1）これXが書いた本だけど，すごく面白いよ。（再掲）

先に述べたように，この発話に先立って「Xが書く本は面白くない」ということが話題となっている場合には逆接用法として，そのようなことが話題となっておらず，またXという作家の名前も初めて聞くような場合には提題用法としてそれぞれ解釈されるであろう。このことは我われが［S1ケドS2］という発話を解釈する際に，逆接・対比的な解釈を行うかあるいは前置き・提題的な解釈を行うのかは予め決められた固定的なものではなく，文脈的要素と関わりながら解釈の過程で決定されるものであることを示唆している。そしてその決定の際には「発話の関連性」が関わると考えられる。

先に見たように，関連性理論では最小の労力で十分な認知的効果を得られるような「最適な関連性（optimal relevance）」を追求して発話の解釈が行われる。このような発話解釈の枠組みで考えれば，例（1）において，「Xが書く本は全然面白くない」ということが話題になっている場合，すなわち，そのような知識の呼び出し可能性が最も高くなっている場合には，聞き手はそのような想定を利用して解釈を行うことで，少ない労力で認知的効果を得ることが出来る。このような状況で直前の文脈を利用せず後件の解釈へと進み，そこに対立関係を成立させるような想定を見出そうとする

ことは過度の処理労力を必要とすることになるであろう。従って，この場合には「Xが書いた本である」という発話を解釈することで顕在化する「この本も面白くないであろう」という想定を用いて後件を解釈し，そこに「棄却」の関係を見出すという逆接用法としての解釈が優先されることになる。

　逆に，Xという作家のことが話題になっておらず，またXの名前を初めて聞くような場合に，後件で棄却されるような想定を見出すために前件から推論を重ねることは多くの処理労力を必要とする。その上，その労力が報われるという保証もない。従って，この場合には，前件の解釈を保留して後件の解釈へと進み，そこで「抑制」の関係を成立させる想定を見出すという提題用法としての解釈が優先されることになる。

　これらのことをふまえれば，上の例（30）が逆接用法として解釈されるのは「テストで0点をとった」ということから日常的・経験的な知識を用いて容易に呼び出される「先生や親にしかられる」という想定を利用して解釈を行った結果であり，例（31）が前置き用法として解釈されるのは，前件から無理に推論を重ねずに後件の解釈へと進んだ結果であると考えられる。すなわち，逆接・対比的なケド節や前置き・提題的なケド節というものは，発話に先立って存在しているものではなく，発話の最適な関連性を充たすような「対立」の関係を追求した結果として生じるものであると言える。

　以上見てきたように，我われが［S1ケドS2］という発話を解釈する際に，「ケド」は前件と後件に「対立」の関係が成立していることを示すのみであり，逆接・対比的な解釈を行うのか，前置き・提題的な解釈を行うのかは最適な関連性を充たすような「対立」の関係を追求することによって決定されるものであると考えられる。

2.3　接続助詞ケドによる「抑制」の特徴—接続助詞カラとの比較を通して—
2.3.1　「理由を表さない」カラと接続助詞ケドの共通点
　前節において，接続助詞ケドによって表される「対立」の関係の解消の

され方には「棄却」と「抑制」という二つのタイプがあることを明らかにした。このうち，「棄却」に関しては，同じく「棄却」の関係を表す接続助詞「ノニ」と比較することで，後件で表される事態に制約があることやニュアンスに違いがあることなど，先行研究（渡部1995, 前田1995）において，その特徴が明らかにされている（1.1.2参照）。しかしながら，「抑制」の関係に関しては，同じく「抑制」の関係を表す他の接続助詞とどのように異なるか未だ明らかにされていない。本節では接続助詞ケドの前置き用法や提題用法などと同様に「抑制」の関係が成立する「理由を表さない」カラと比較することで，接続助詞ケドによる「抑制」の特徴を明らかにする。

　白川（1995）が指摘するように，接続助詞「カラ」には「理由を表さない」用法が存在する。次の例（32）と例（33）はどちらも同じ後件を持つ。しかしながら，「どうして休憩するんですか？」という後件に対する問いの答えとして，例（32）の前件の「疲れたからです」は理由として成立するが，例（33）の前件の「喫茶店があるからです」というのは，そのような問いに対する理由として不自然である。

　　　（32）疲れたから，少し休んでいかない？
　　　（33）喫茶店があるから，少し休んでいかない？

　これまで見てきたように，接続助詞ケドの前置き用法，提題用法，挿入用法では「当該文脈で後件のみを発話した場合に聞き手に顕在化するであろう想定が前件で抑制される」という解釈過程が成立しているが，そのような関係は例（33）の「理由を表さないカラ」においても成立している。例（33）では，後件の「少し休んでいかない」のみを述べた場合に聞き手に生じると思われる「どこで休むのか？」という疑問が前件によって抑制されていると考えられる。また，例（33）のカラはケドに置き換えることが可能である（→（33a））。

第2章　接続助詞ケドの用法間の関係　73

（33a）喫茶店があるけど，少し休んでいかない？

　しかしながら，次の例（34）や例（35）のように，両者を置き換えることが出来ないものがあることから，ケドによる「抑制」とカラによる「抑制」は同じものではないことがわかる。

（34）明日返すから／＊けど，5000円貸して。
（35）念のために言っておく＊から／けど，部屋に入るときにはノックをするように。

　以下においては，まず白川（1995）で指摘される「理由を表さない」カラの特徴をまとめる。そして，それをふまえて両者の「抑制」の違いについて考察する。

2.3.2　「理由を表さない」カラの特徴

　白川（1995）によれば，「理由を表さない」カラには，①聞き手に条件を提示するもの（「条件提示」），②聞き手に前提的な情報を提示するもの（「お膳立て」），③予定された筋書きを聞き手に提示するもの（「段取り」）という三つのタイプがあるという。以下にそれぞれの特徴について，白川（1995）をもとにまとめる。

　まず，①の「条件提示」とは，後件の実行を促進するような条件が前件で提示されるものである。例えば，先の例（34）の「明日返すから，5000円貸して」においては，後件の「5000円貸して」という依頼を聞き手が無条件には実行しないと話し手が判断し，それを実行させるために「明日返す」という条件が前件で提示されている。

　次に，②の「お膳立て」とは，聞き手が後件を実行するための前提的な情報として前件が提示されるものである。例えば，次の例（36）において，後件に示された「取ってきて」という内容は，「机の上に本がある」という前件の情報が与えられなければ実行することが出来ない。

（36）机の上に本があるから，取ってきて。

　最後に，③の「段取り」とは，予め決められている「前件→後件」という手順が聞き手に提示され，後件を実行するタイミングが示されるものである。次の例（37）では「来週訪れる→原稿を渡す」という手順が聞き手に示され，「原稿を渡す」タイミングが前件によって示されている。

（37）来週そちらへうかがいますから，その時に原稿をいただけますか？

　このように，「理由を表さない」カラ（［S1カラS2］）には三つのタイプがあるが，白川（1995）によれば，「カラ」が理由を表さない場合には，共通して次の特徴が見られるという。

①S2には，かならず，聞き手の何らかの行為を要求する表現（命令・禁止・依頼・勧誘など）が来る。
②S1は，S2を聞き手が実行に移すのを可能にしたり，促進したりする情報として提示される。
③「カラ」の談話的な機能は，新情報S1を聞き手の知識の中に導入することによって，それ以前の段階では聞き手が実行に移せなかった（前提的な情報の欠如のために移そうにも移せない場合と，実行に踏み切るだけの好条件でない場合とがある）行為を実行可能な状況にすることである。
④S1は，S2を伴わなくても意味をなすことがある。その場合も，実は言いさしているのではなく，談話的な機能は全うしている。

（白川1995，p.212）

　以下においては，このような特徴をふまえて，カラによる「抑制」とケ

ドによる「抑制」の違いについて考察する。

2.3.3　カラによる「抑制」とケドによる「抑制」の違い

　両者の違いについて考えるために，まず両者の置き換えが不可能である場合について考えてみる。上に述べたように，例（34）と例（35）の場合には両者を置き換えることは出来ない。ここで，例（34）と例（35）における「抑制」がどのように成立しているかを考えてみたい。「理由を表さない」カラの解釈過程について考察を行った永田（2000）および本章における考察をふまえると，それぞれの解釈過程は次の図2のように表される[6]。

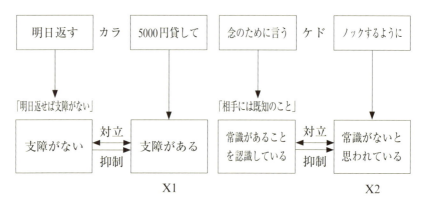

図2　例（34）と例（35）における「抑制」過程

　図2において，「抑制」の過程が成立しているという点で両者は共通するが，抑制される側の想定（X1, X2）に注目すると，両者には質的な違

---

6)「理由を表さない」カラの前件から顕在化する想定と後件から顕在化する想定との関係について，永田（2000）では「競合」と呼ばれているが，これは本章で見てきた「対立」と同じ概念である。また，永田（2000）では，前件から顕在化する想定が後件から顕在化する想定を「棄却する」と述べられているが，後件から顕在化する想定が実際には顕在化されないことをふまえれば，本章で用いてきた「抑制」の方が適当であると考えられる。

いがあることがわかる。白川（1995）が指摘するように，「理由を表さない」カラの前件は聞き手が後件を実行に移すのを可能にしたり，促進したりする情報として提示される。すなわち，「理由を表さない」カラによって抑制される想定は後件の行為の成立に直接的に関わるものであるということである。例えば，例（34）において「お金を貸すことは自分に支障がある（X1）」という想定が抑制されなければ，「5000円を貸す」という行為が実現されない可能性がある。一方，例（35）において抑制される「ノックするように言われるということは，自分は常識がないと思われている（X2）」という想定は，行為の実現というよりも「他人から認められたい」という聞き手のポジティブ・フェイス（Brown & Levinson 1987）に関わるものであり，そのような想定が抑制されなければ，聞き手のフェイスが侵されることになる。

　また，接続助詞ケドにはこれ以外にも，例（38）のように，後件の叙述を解釈する際に聞き手が抱くであろう「疑問」が抑制される場合がある。

　　（38）田中さんから聞いたけど／＊から，山田さん，今度転勤になっ
　　　　たんだって。

この例において，後件のみが述べられれば，「なぜ知っているのか？」という「疑問」が聞き手に生じると思われるが，そのような「疑問」は前件によって抑制されている。このような「抑制」の関係は「理由を表さない」カラには見られない。

　これまで見てきたように，ケドとカラの解釈過程においてはともに「抑制」の関係が成立するが，抑制される想定の種類が異なる。「理由を表さない」カラでは自らの望む行為を聞き手に行わせるために，その実現を阻害する想定が抑制される。上に見た条件提示用法（①）のみでなく，お膳立て用法（②）や段取り用法（③）においても，行為の実現が重視され，そのためにカラによる抑制が行われていると考えられる。一方，接続助詞ケドでは聞き手に対して対人的・認知的な配慮をすることが重視され，そ

第2章　接続助詞ケドの用法間の関係　77

れらを侵すことになる想定が抑制される。

　このように，「理由を表さない」カラとケドとでは「抑制」の目的が異なる。ここで先の例（33）について見てみると，例（33）ではカラをケドに置き換えることが可能であるが，置き換えた場合のニュアンスは異なり，例（33a）よりも例（33）の方が，「休憩する」という事態の実現を話し手が強く望んでいるように思われる。

　　　（33）　喫茶店があるから，少し休んでいかない？（再掲）
　　　（33a）喫茶店があるけど，少し休んでいかない？（再掲）

　従って，次の例（33b）のように，休憩することを話し手が強く望む状況では，カラを用いた方が自然であろう。

　　　（33b）ずっと歩きっぱなしで，もう一歩も歩けないよ。ちょうど，
　　　　　　　あそこに喫茶店があるから／?けど，少し休んでいかない？

　このように，一見，置き換えが可能であるように思われる例においても，「理由を表さない」カラとケドとでは「抑制」の目的や抑制される想定の種類が異なるために，完全に置き換えが可能であるわけではない。

　また，そのように「抑制」の目的が異なるために，後件が事態の実現をさらに強く望む表現になった場合には，ケドに置き換えることが出来なくなる（→（33c））。

　　　（33c）喫茶店があるから/*けど，休んでいこうよ。

　本節では接続助詞ケドによる「抑制」について，同じく「抑制」の関係が成立する「理由を表さない」カラと比較することで，その特徴を明らかにした。本節で明らかにしたことをまとめると，次のようになる。

「理由を表さない」カラ：自らの望む行為を聞き手に行わせるために，
　　その実現を阻害する想定を抑制する。

接続助詞ケド：聞き手に対して対人的・認知的な配慮をするために，
　　それらを侵すことになる想定を抑制する。

2.4　本章のまとめ

本章においては，実際の発話場面を視野に入れることで，従来の研究に
おいては明らかにされなかった接続助詞ケドの用法間の関係について明ら
かにした。本章で明らかにしたのは以下の4点である。

1）接続助詞ケドの前件あるいは前件から顕在化する想定と後件ある
　　いは後件から顕在化する想定との間には両者が両立しないという
　　「対立」の関係が存在する。
2）接続助詞ケドによる「対立」は「棄却」と「抑制」という二つの
　　方法で解消される。
3）接続助詞ケドによる「抑制」は対人的・認知的な配慮を目的とし
　　て行われる点で，接続助詞カラによる「抑制」と異なる。
4）接続助詞ケドの各用法はどのような想定が「対立」し，それがど
　　のように解消されるか（「棄却」あるいは「抑制」）によって分化す
　　るという連続的なものである。

このように，接続助詞ケドの六つの用法には，共通する特徴と個別の特
徴が見られるが，これらの発話は，発話の集合体である談話を構築する際
に，それぞれ異なる関わり方をしていると予想される。例えば，談話にお
けるトピックの展開に関して，後件で棄却されることになる想定が前件の
解釈時に呼び出されやすい状態になければならない逆接用法や対比用法
は新たなトピックが開始される部分には見られないことが予想される。逆
に，「抑制」の関係が成立する，前置き用法，提題用法，挿入用法はトピッ

第2章　接続助詞ケドの用法間の関係　79

クを始めるに際しての文脈のズレを修正するためにトピックの開始部分に現れやすいと思われる。第3章および第4章においては，発話の集合体である「談話展開」に接続助詞ケドの各用法がどのように関わるかを「トピック展開」と「聞き手の言語的反応」という観点から明らかにし，本章で見た各用法の解釈過程との関わりについて考察を行う。

第3章　談話のトピック展開と接続助詞ケドの関わり

　前章では，発話場面に着目して，接続助詞ケドの各用法の解釈過程を明らかにしたが，本章では発話の集合体である談話のトピック展開にそのような発話解釈上の特徴がどのように反映されているかを明らかにする。

3.1　談話におけるトピックの特徴
3.1.1　文のトピックと談話のトピック
　まず，本書で扱う「トピック」について確認しておきたい。Brown & Yule（1983）によれば，「トピック」には文レベルと談話レベルという2種類のトピックがあるとされる。文レベルのトピック（sentential topic）とは次の例（1）における「花」のようなものである。

　　　（1）花は咲く。

　柴谷（1990）によれば，文レベルのトピックとは「判断の対象となる事象の中心的存在物，または判断の主眼たる事物」であるという。例（1）で言えば，「花－咲く」という判断の対象としての事象の中心的存在物が「花」であるということになる。このように，文レベルのトピックが文の構成要素によって表されるのに対して，談話レベルのトピック（discourse topic）は一つ以上の命題によって構成される（Brown & Yule1983）。次の例（2）においては，会話参加者のすべての発話によって「衣笠氏の友人である選手の引退」というトピックが構成されている。

81

（2）衣笠：あれは確か61年の8月でしたよ。いきなり「オレ，今年
　　　　　　かぎりでやめるよ」って聞かされた時はショックだった
　　　　　　ね。「エーッ，本当かよ」って，思わず聞き返したもの。
　　　洋子：そう。やっぱり一番最初に衣笠さんに打ち明けたんだ。
　　　衣笠：「ああ，ついに来たか」と，ものすごく寂しかった。当
　　　　　　時，僕は（打撃不振で）それどころじゃなかったんだけど，
　　　　　　それでもショックでしたよ。
　　　洋子：でも，引退する時にあれだけいい顔ができたら，人間，
　　　　　　幸せね。　　　　　　　　　　　　　　（山口1988，pp.51-52）

　本研究においては，このように会話の参加者達によって構築される「談
話レベルのトピック」について分析を行う。では，談話において，どのよ
うなまとまりが一つのトピックとして認定されるのであろうか。この問題
を考える上で手がかりとなる「トピック内の語彙の意味的連関性」および
「トピックの開始と終結に見られる言語表示」について，以下に見ること
にする。

3.1.2　トピック内の語彙の意味的連関性

　Halliday & Hasan（1976）が指摘するように，談話の結束性を構築する
上で，談話の中で用いられる語彙は重要な役割を担っている。Halliday &
Hasan（1976）によれば，談話の結束性に関わる語彙には次のようなもの
があるという。

・同一語の繰り返し
・同義語
・上位語 – 下位語（「動物 – 犬」，「体 – 足」など，一方が他方の上位概念
　にあるもの）
・一般語（「お調子者」や「馬鹿」など，一般語で登場人物を表すもの）
・コロケーション（「病気 – 医者」，「ボート – こぐ」など，同じ環境に生

起する傾向があるもの）

　これらの語彙的特徴はトピックのまとまりについて考える上でも重要な
役割を果たす。杉戸・沢木（1979）は「モーニング買い」という談話を分
析しているが，そこでは「モーニング買い」のそれぞれの段階において，
特定の語彙が見られ，それらの語彙は別の段階にまたがって現れないこと
が指摘されている。杉戸・沢木（1979）によれば，「モーニング買い」は
「情報の仕入れ」（段階1）という段階に始まり，「上着の選び出し」（段階2），
「上着の試着」（段階3）へと進むが，それぞれの段階において次のような
語彙が見られるという。

段階1	礼服（1）・モーニング（2）・冬物（1）・スリーシーズン（1）・冬（4）・夏（6）・合夏（3）・合冬（5）・合（1）・従来の物（2）・厚み（1）・秋（1）・十月（1）・デザイン（1）
段階2	上着〜上（4）・中〜中（5）・おズボン（2）・△△円（3）
段階3	おなか廻り（1）・おいくつ（1）・身長（2）・感じ（1）・ベスト（1）・うしろ（1）・関節（1）・調節（1）・ところ（1）・スソ（1）・長さ（1）・お手（1）・修理（1）・気（2）・カッターシャツ（1）・普通（2）・カフス（1）・鏡（1）・服（1）・裕（余裕）（1）

（　）内の数字は出現数（杉戸・沢木1979，p.283）

　ここからわかるように，段階1では「季節」関係の語彙や「モーニング
全体」に関する語彙，段階2では「上着」，「ズボン」など衣服の各部分に
関する語彙，そして段階3ではそのうちの一部に関する語彙（「裾」，「おな
か廻り」など）や寸法に関する語彙が見られ，それぞれの段階に見られる
語彙は別の段階には見られない。このように，意味的に関連する語彙はト
ピックのまとまりについて考えるための手がかりとなる。

3.1.3　トピックの開始と終結に見られる言語表示
　会話におけるトピックを認定する基準としては，上に見た「語彙の意味

的連関性」の他にも「トピックの開始と終結に見られる言語表示」がある。
まず、トピックの開始部分に関して、村上・熊取谷（1995）によれば次の
ような言語表示が見られるという。なお、以下の説明における例および説
明はそれぞれの先行研究によるものであるが、一部、表記や表現を改めた
ものがある。

a. 認識の変化を示すことば（「あ」、「思い出した」、「そう言えば」、「も
   しかして」）
b. 相手に働きかけることば（「ねえ」、「あの」、「ちょっと」、「知って
   る？」、呼びかけ）
c. 談話標識やメタ表現による談話展開の示唆（「で」、「でも」、「だか
   ら」、「だって」、「話は変わるけど」）
d. 後続トピックのフレームの提示（時：「月曜日ね」、人物：「Ｑさんて」）

トピックの開始部分に特徴的な言語表示が見られることに関しては、山
田（1990）、佐久間・杉戸・半澤（1997）、中井（2004）、楊（2005）など
においても指摘されている。そこではそれぞれ次のようなものが挙げられ
ている。

山田（1990）：
　場違いのマーカー（「ああ」、「そういえば」、「話は違いますが」、「とこ
　ろで」）

佐久間・杉戸・半澤（1997）：
a. 話題を〈きりかえる〉ことに言及する表現（「次に」、「話が前後す
   るが」、「話は少しそれるが」、「話をもとにもどして」など）
b. 話題を〈きりかえる〉表現（「しかし」、「それはさておき」、「さて」
   など）

中井（2004）：

  a. 相互行為指標表現（「えっ」,「あー」,「あのー」など）

  b. 断片（「体言止め」や「接続詞」・「疑問詞」のみの発話など）

  c. 終助詞（「ね」,「よね」など）

  d. 接続表現（「けど」,「でも」など）

楊（2005）：

  a. 話題となる事柄を際立たせる表現
    提題表現（「～は」,「～さー」など），列挙，自己引用表現（「～とか」,
    「～って」など），くり返し・倒置表現

  b. 認識の変化を示す表現（「え」,「あ」など）

  c. 言いよどみ表現（「あのう」,「なんか」など）

  d. 接続表現（「それで」,「でも」など）

  e. メタ言語表現（「全然話変わっちゃうんですけど」など）

  f. 呼びかけ表現（相手の名前や呼びかけとして用いられる感動詞など）

　次に，トピックの終結部分に見られる言語表示について見る。山田
（1990），村上・熊取谷（1995），中井（2004）によれば，トピックの開始
部分と同様に，トピックの終結部分においても次のように特徴的な言語表
示が見られるという。

山田（1990）：

  a. 終結をほのめかすトピックの導入

  b. 発話順番のパス（「はーい」などの表現を送って自らの発話順番をパ
    スする。）

  c. 会話の全体的特徴づけ（会話を開始した理由を述べたり感謝を表し
    たりすることで，それまでの会話の性格を特徴づける。）

  d. 「どうもー」／「じゃあ，どうもー」などの終結の隣接対

村上・熊取谷（1995）：

   a. まとめや評価をする表現およびこれらを導く標識（「まあ」,「じゃあ」,「はい」)

   b. 短い受け入れのことば（「そうよ」,「ふーん」,「なんだ」)

中井（2004）：

   a. 断片（「体言止め」や「接続詞」・「疑問詞」のみの発話など）

   b. 普通体

   c. 語尾母音の引き延ばし（「けどー」,「ほんとにー」など）

   d. 評価表現（「よくできる」,「ラッキー」,「よかった」など）

　以上見てきたように，トピックの開始部分と終結部分にはそれぞれ特徴的な言語表示が見られる。このような言語表示と上に見た「語彙の意味的連関性」によってトピックは一つのまとまりを成す。では，談話中に複数存在するそれらのトピック間にはどのような関係が存在するのであろうか。以下においてはこの点について，村上・熊取谷（1995）によって指摘される「談話におけるトピックの展開構造」という考え方を見る。

3.1.4　談話におけるトピックの展開構造

　談話中には，上に見たような特徴によって特徴づけられるトピックが複数存在する。村上・熊取谷（1995）は，談話におけるそのようなトピックについて，継時的に構築されるという線状的な性格を持つと同時に，複数の関連するトピックが集まることで，より大きなトピックが形成されるという構造的な性格を持つと指摘する。村上・熊取谷（1995）では，分析資料とした自由談話におけるトピックの展開構造が図示されているが，その一部を図1に示す。

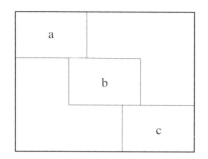

図1　村上・熊取谷（1995）で示されたトピックの展開構造（一部）

　村上・熊取谷（1995）によれば，図1に示されるように，談話中では時間の経過とともにa「発話量の不均衡」，b「書き起こし」，c「レポートの重要度」と次々にトピックが構築され，そのような小トピックによってさらに大きなトピック（「レポート課題」）が構築されるという。
　このように，談話中に存在する複数のトピックは個別に存在しているのではなく，小トピックが集まることで，より大きなトピックが構築されるといったように構造化されている。そして，個々のトピックを認定する際には「語彙の意味的連関性」や「開始部分や終結部分に見られる言語表示」が手掛かりとなる。上記のようなトピックの特徴をふまえ，以下においては前章で明らかにした接続助詞ケドの発話解釈上の特徴が談話のトピック展開にどのように反映されているかについて明らかにする。
　ここで，談話におけるトピックの展開は談話の性格によって異なる可能性がある。特に，談話の形成に時間的な制約が存在する「話し言葉」と表現や構成を推敲する時間がある「書き言葉」とでは，トピックの展開および展開に際して用いられる言語表現に違いが見られる可能性がある。そこで，本書では「自由談話（話し言葉）」と「社説（書き言葉）」という二つのタイプの談話を分析することで，接続助詞ケドが談話のトピック展開にどのように関わるかを明らかにする。両者を比較することで，トピック展開への接続助詞ケドの本質的な関わり方と各タイプの談話に特有の関わ

り方とが明らかになると考えられる。以下においては，自由談話のトピック展開と接続助詞ケドの関わりについて考察を行った永田（2002a）および社説のトピック展開と接続助詞ケドの関わりについて考察を行った永田（2002b）にもとづきつつ，上記の問題について明らかにする。

3.2 「自由談話（話し言葉）」のトピック展開と接続助詞ケドの関わり
3.2.1 分析資料

　本節では，話し言葉のトピック展開に接続助詞ケドがどのように関わるかを明らかにする。本研究で分析するのは会話のトピックが予め指定されていない12組の自由談話である。会話の参加者は22才から30才までの大学院生もしくは大学職員であり，それぞれ面識のない同学年の同性または異性の相手と30分程度会話してもらった。談話資料の内訳は大学院生同士の談話が11組，職員同士の談話が1組であり，同性同士および異性との談話がそれぞれ6組ずつである（男－男：3組，女－女：3組，男－女：6組）。

　会話はテープレコーダーが回り始めた後に始められ，時間がきたら適当に会話を終結させるよう片方の参加者に指示が与えられた。本節では録音された会話を文字化したものを分析資料とする。

3.2.2　自由談話におけるトピックの展開構造と接続助詞ケドの出現位置
3.2.2.1　自由談話におけるトピックの展開構造

　談話におけるトピックは構造化されているという村上・熊取谷（1995）の指摘を前節で見たが，このような視点で会話の開始部分や終結部分，そしてトピックが具体的に展開されている部分のそれぞれについて観察すると，本節で分析する「自由談話」も構造化されていることがわかる。

　まず，会話の開始部分と終結部分に注目すると，具体的なトピックが開始される前の準備段階に相当する会話の開始部が存在することがわかる（→（3））。

　　　（3）A：はじめまして。①

B：はじめまして。②
　A：こんにちは。あ ｜あ｜ Aといいます。はい。<u>よろしくお願い
　　　します。③</u>
　B：<u>よろしくお願いします。④</u> えー，私，Bと ｜Bさん｜ 申しま
　　　す。はい。

　例（3）は会話が開始された直後であり，具体的なトピックが開始され
る前に，会話の参加者によって相互に挨拶が行われている部分である。こ
のような「挨拶‐挨拶」といったやりとり（下線部①・②，③・④）は談
話中の具体的なトピックの開始部分には見られない。ここから，会話その
ものの開始部は具体的なトピックの「開始」とは性格を異にすると考えら
れる。

　また，会話の終結部分も小トピックの終結部分とは異なる特徴を持つ。
Schegloff & Sacks（1972）によれば，会話を終結させる最も簡単な方法は
「さようなら」のやり取りのように慣習的な成分から形成されている「最
終交換」を用いることである。しかしながら，そのような最終交換は会話
中のどの位置にでも生起できるわけではなく，それを行うための準備段階
が必要であるという。Schegloff & Sacks（1972）は「会話を続けることに
関心を示さない，あるいは実際に会話を続けない」ということが会話の中
でそのような準備段階を導入する手段（「先終了句」）となると指摘する。

　例えば，次の例（4）では，下線部①の発話（先終了句）によってAに
会話を続ける意思のないことが示されて以後，名前の確認（下線部②，③）
や再接触のための挨拶（下線部④，⑤）など終結に向けてのやり取りがな
され，最終交換（下線部⑥，⑦）へと至っている。会話の終結部分にはこ
のように「先終了句」，「終結に向けての準備段階」，「最終交換」という要
素が見られるが，これらは小トピックの終結部分には見られない。

（4）B：なんか聞いたことない言葉がいっぱい ｜うん｜ 出てきて，
　　　　　うん，｜あー｜ 英語もでした。

第3章　談話のトピック展開と接続助詞ケドの関わり　89

A：はい，じゃ，またいつか。せっかく ｜いや，そうですね｜ はい，せっかく知り合えたので。①

B：はい，｜はい｜ はい。えっと，A，A。

A：Aです ｜名前｜。あ，名刺持ってくれば良かったな。ま，いいや。

B：あ，持ってるんですか？

A：はい。

B：Aさん。②

A：はい。

B：はい。

A：Bさんです ｜はい｜ よね。③

B：以後，お願いし ｜あ｜ ます。④

A：よろしくお願いします。⑤ あ，じゃあ，今日本当ありがとうございました⑥ ｜はい｜。楽しか ｜ありがとうございました⑦｜ ったです。はい ｜はい｜。じゃ ｜はい｜，失礼しま ｜はい｜ す。

　このように，自由談話の開始部分や終結部分は，具体的なトピックの開始部分や終結部分とは異なる性格を持つために，本節ではこれらを「開始部」，「終結部」として個々のトピックの「開始位置」，「終結位置」と区別して扱う。

　次に，具体的にトピックが展開される部分（「主要部」）に目を向けると，自由談話の主要部は複数の小トピックによって構成されていることがわかる。友人同士や姉妹の自由談話を分析した村上・熊取谷（1995）は談話を構成するトピックには，まったく新しいトピックである「新出型」，それ以前のトピックに関連するトピックである「派生型」，それ以前のトピックについて再び言及される「再出型」という三つのタイプのトピックが存在すると指摘するが，本節で分析する初対面の者同士の自由談話においても同様に，新出型，派生型，再出型という三つのタイプの小トピックが認

められた。

　次の例（5）は新出型の例である。例（5）では「Bが所属する学科」についてのトピックが展開されているが，下線部の「ご趣味は」というAの発話によって「趣味」というまったく新しいトピックが開始されている。

　（5）B：P先生は方法学 ¦あー¦，やし ¦うん¦，Q先生は経営学。
　　　　A：全然わかってない，（同じ）教育（学研究科の所属）なのに ¦うん¦。そうなんや ¦うん¦，行政（学）とはまた違う。
　　　　B：うん。
　　　　A：はーそっか。
　　　　B：そうね。
　　　　A：はー，はー，ご趣味は？ ¦ご¦　ご趣味は？ ¦ご趣味¦
　　　　B：ご趣味，あの，世間的には，世間向けには ¦向けには¦，なんやろ，一応，こう旅とか言うんじゃけど ¦うん，た，旅¦，そ，そんなしてねえなあ。

　次の例（6）は派生型の例である。例（6）においては留学経験のあるAが主体となって「留学先での生活」というトピックが進められているが，これから留学するBの下線部の発話によって「留学するときの携行品」という同じく留学に関係するトピックへと移行している。

　（6）A：やっぱり愚痴言える相手がいないと辛いと思いますよ。
　　　　B：がーん，そっかー。
　　　　A：なんかEメールとか ¦うん¦，うん，で，バーッてしょっちゅう，結構筆まめになりますね，留学とかすると。
　　　　B：はー，そっかー。
　　　　A：ええ。
　　　　B：なんか持ってって ¦うん¦，持ってったらいいものとかあるのかな？

第3章　談話のトピック展開と接続助詞ケドの関わり　91

A：持ってったらいいもので，意外と向こうでも買える，ある
　　　　程度ニュージーランド，オークランドとかだったら｜うん｜，
　　　　なんか日本の食料品店とかもあるとか話聞いて｜うん｜，で，
　　　　なんか調味料とか意外と持ってったら便利ですね。
　　B：うー｜うーん｜ん。

　最後に再出型について見ておく。次の例（7）においてはBの出身県に
ついてのトピック（→下線部①）から「調査」，「Aの出身大学」へとトピッ
クが移行しているが，下線部②のAの発話で再びBの出身県についてのト
ピックへと移行しているのがわかる。

（7）A：<u>○○県，あのー，どこら辺ですかね，って聞いてもわかん
　　　　　ないかもしれないけど，知り合いが一人だけいるから。</u>①
　　B：<u>△△（地名）なんですけどね。</u>①
　　A：<u>あー，よく分からないけど，聞いたことはあるんで，聞い
　　　　　たこと，うーん</u>①
　　B：これは何でこの調査やってって言われたん？
　　A：いや，あのー，研究室の先輩から｜やっぱそうなんや｜，
　　　　M1（修士課程1年生），M1しかだめって言われて｜うん｜，
　　　　で，なんか，行ってくれないって言われたから。
　　B：なんやろか，この調査。
　　　　　　　　　　　（中略）
　　A：あのー市内の，R大学から。
　　B：あ，R大学。
　　A：ええ。
　　B：あー。
　　A：え，知ってるんですか？
　　B：知ってますよ｜あー｜。友達がアイスホッケーやってて｜あ，
　　　　アイスホッケー｜，R（大学）とアイスホッケーの試合しとっ

たん見たことあるし。
A：あー。
B：へー。
A：そっかー，○○（県名）は一回しか行ったことないんですけど，ちょうど冬行ったんで，すごい寒かったような気が|あー|，うん。②

　自由談話は，どのように展開するかを予測することが難しいタイプの談話であるが，実際の会話を見ると，それらは決して無秩序に構成されているわけではなく，上で見た3タイプのトピックが組み合わされ，構造化されていることがわかる。本節で分析する自由談話におけるトピックの展開構造を図示すると，次の図2のようになる。

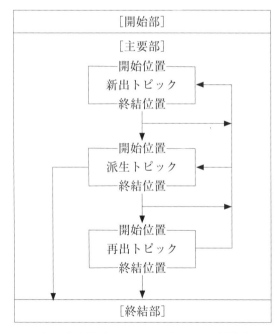

図2　自由談話におけるトピックの展開構造

以下においては，このようなトピックの展開構造における出現位置を手
がかりとして，接続助詞ケドの各用法が自由談話のトピック展開にどのよ
うに関わるかについて考える。

3.2.2.2　トピックの展開構造における接続助詞ケドの出現位置

　本談話資料において見られた接続助詞ケドが上に示したトピックの展開
構造のどの部分に現れているかを調べたものが表1である。表1には談話
中のどの部分を一つのトピックとして認定するかが大きく影響するが，何
をトピックとして認定するかは個人によって異なる可能性がある。そこ
で，筆者以外の分析者2名[7]に，前節で見た「談話におけるトピックの展
開構造」という考え方や「語彙の意味的な連関性」，「トピックの開始部と
終結部に見られる言語表示」について説明を行い，トピックの切れ目につ
いてそれぞれ認定を行ってもらった。表1の（　）内の数字は筆者以外の
分析者の判断にもとづいた際のケドの数である。（　）内の左側の数字が
分析者Xの判断，右側の数字が分析者Yの判断にもとづくものであり，以
下の表2-1〜表2-6に関しても同様である。

　なお，本節における考察対象に関して，国立国語研究所（1960）や丸山
（1996）で指摘されるように，話しことばでは文の様々な要素が省略され
る。本談話資料中にも「ちゃんと覚えてないけど，なんかの跡地。」のよ
うに，主節の述語的要素が省略された発話が見られたが，本節ではこのよ
うなものも主節として考える。また，［A 接続助詞 B］という発話の連鎖
のBを主節と見るか（［A 接続助詞，B］）新たな文と見るか（［A 接続助詞。
B］）に関してはAとBの意味的関係および文脈から判断した。

　また，接続助詞ケドは常に［従属節＋主節］という形で談話中に現れる
わけではない。発話の途中で聞き手にターンが奪われた結果，主節が見ら
れない場合や［従属節＋従属節＋主節］のように，文中に従属節が二つ以

7）筆者以外の分析者2名はX：女性，22才とY：女性，22才であり，いずれも日本語母
　語話者である。

上含まれる場合も見られる。本節においては，前章で見た発話解釈過程との関わりという観点から分析を行うため，これらは考察対象から除外し，談話中に見られた［従属節＋主節］（AケドB）という形をとる発話および挿入用法，終助詞的用法として認められる発話を考察対象とする。なお，1.1.6で挿入用法との関連でふれた倒置的なケド（［B，Aケド。］）に関しては，3.2.3.3で別途，考察を行うため，ここでは考察対象に含めない。本談話資料においては合計525例の接続助詞ケドが見られたが，上記に該当する接続助詞ケドは356例であった。以下においては，これら356例を対象として考察を行う。

表1　自由談話における接続助詞ケドの出現位置別の出現数

開始部	主要部			終結部
	開始位置	主要位置	終結位置	
9（10/15）	23（37/26）	305（273/285）	18（35/23）	1（1/7）

　表1を見ると，接続助詞ケドはトピックの展開構造におけるいずれの位置にも見られるが，用法別にさらに詳しく調べてみると，その現れ方は一様ではないことがわかる。各用法別の出現位置を調べた結果が表2-1〜表2-6である。

表2-1　自由談話における逆接用法の出現位置

開始部	主要部			終結部
	開始位置	主要位置	終結位置	
0（0/2）	0（1/0）	25（22/25）	2（4/0）	0（0/0）

表2-2　自由談話における対比用法の出現位置

開始部	主要部			終結部
	開始位置	主要位置	終結位置	
0（0/0）	0（2/1）	21（20/20）	2（1/1）	0（0/1）

第3章　談話のトピック展開と接続助詞ケドの関わり　95

表2-3　自由談話における前置き用法の出現位置

開始部	主要部			終結部
	開始位置	主要位置	終結位置	
4（5/5）	15（22/18）	101（85/89）	9（17/15）	1（1/3）

表2-4　自由談話における提題用法の出現位置

開始部	主要部			終結部
	開始位置	主要位置	終結位置	
0（0/0）	6（5/5）	32（32/33）	0（1/0）	0（0/0）

表2-5　自由談話における挿入用法の出現位置

開始部	主要部			終結部
	開始位置	主要位置	終結位置	
0（0/0）	1（2/0）	22（21/22）	0（0/1）	0（0/0）

表2-6　自由談話における終助詞的用法の出現位置

開始部	主要部			終結部
	開始位置	主要位置	終結位置	
5（5/8）	1（5/2）	104（93/96）	5（12/6）	0（0/3）

　これらの表から次のことがわかる。なお，表2-1～表2-6における接続助詞ケドの出現傾向およびそこから指摘される以下の特徴は，特定の談話データにおける使用傾向に起因するものではなく，いずれの談話データにおいても概ね同じ傾向が見られた。

　　・逆接用法と対比用法は会話の開始部やトピックの開始位置にはほとんど見られない。
　　・前置き用法と提題用法はともに開始位置にも見られるという特徴を持つ。ただし，開始部や終結位置には提題用法がほとんど見られな

いという点で両者は異なる。
・挿入用法はそのほとんどが主要位置に見られる。
・終助詞的用法の出現位置は前置き用法と類似しているが，開始位置にほとんど見られないという点で両者は異なる。

このように，接続助詞ケドの各用法は談話のトピック展開にそれぞれ独自の関わり方をしている。以下においてはこの結果をもとに，接続助詞ケドの各用法がトピック展開に何故そのような独自の関わり方をするのかについて前章で明らかにした各用法の解釈過程をもとに考察を行う。

3.2.3　接続助詞ケドと自由談話のトピック展開との関わり
3.2.3.1　逆接用法，対比用法と自由談話のトピック展開との関わり

表2-1　自由談話における逆接用法の出現位置（再掲）

開始部	主要部			終結部
	開始位置	主要位置	終結位置	
0（0/2）	0（1/0）	25（22/25）	2（4/0）	0（0/0）

表2-2　自由談話における対比用法の出現位置（再掲）

開始部	主要部			終結部
	開始位置	主要位置	終結位置	
0（0/0）	0（2/1）	21（20/20）	2（1/1）	0（0/1）

表2-1と表2-2からわかるように，逆接用法と対比用法は自由談話のトピック構造中における出現位置が類似しており，3名の分析者に共通の判断として，開始部や開始位置など会話やトピックの開始に関わる位置にはほとんど見られない。これは前章で明らかにした逆接用法と対比用法の解釈過程の特徴から導かれる予測と一致する結果である。2.2.1.1と2.2.1.2で述べたように，逆接用法と対比用法は前件から顕在化する想定が後件に

よって棄却されるという特徴を持つ。そして，そこで棄却される想定は前件の解釈時に呼び出し可能性が高められているという特徴が見られた。お互いにどのような知識を持ち，どのようなことを考えているかが分からない会話の開始部やそれに関する想定がまだ呼び出されていない状態であるトピックの開始位置にこれらの用法が見られないのはそのような特徴を反映したものであると言えよう。

　一方，次の例（8）や例（9）のように，トピックが具体的に展開される部分においては，後件で棄却されることになる想定の呼び出し可能性が前件の解釈時に高められているために，逆接用法や対比用法が見られる。例（8）では，「話題の人物であるCくんには音楽の才能があった」ということが先行情報として与えられている（下線部①）。そのような文脈で前件の「音楽の勉強をするために東京の専門学校に行った」は「Cくんは音楽活動をしている」という想定を顕在化させることになるであろう。しかしながら，そのような想定は後件の「就職先は学習塾である」によって棄却されることになる。

　また，例（9）では，下線部①，②の発話により，Aが「大学院生活は忙しい」と考えていることが両者に顕在化している。そのような状況で「前期はすっごい忙しかった」という前件は「Aと同じく忙しい」という想定を聞き手に顕在化させるが，そのような想定が後件で棄却されることにより，BがAとは違う状況にあることが伝えられている。

（8）A：お，あいつ面白いんよ。○○（大学名）の大学院を ｜うん｜
　　　　受けて，受かったんよ。受かったんだけど，なんか，自分
　　　　は，なんか音楽の方がやりたい。
　　　B：ふーん。
　　　A：で，なんか作詞とかしよったんよ。
　　　B：へー。
　　　A：で，自分で詞つくっ ｜うん｜，歌詞作って，なんか，そうい
　　　　うオーディションじゃないけど，なんかそんなんに出して，

で，結構審査員の人にほめられたり ｜うん｜ とかね，そっちの才能あった奴な ｜へー｜ んよ。① で，なんか東京行って音楽の勉強すると ｜あー｜ かって言って，（大学）院をけっ ｜あー｜ て，東京の専門学校に走ったけど ｜うん｜，結局，就職先を見てみたら学習塾という ｜はー｜。なにしよん，お前はって。

B：今，東京で就職しとる？

A：東京で就職して ｜あーそうなんじゃ｜，うん。

（9）A：それをだ，だからそれを排除したような，多分こう純粋な実験しないといけない ｜うん｜，かな。でも，ちょっとまだあんまり考える時間がないから，考えてないんですけど。

B：あ，そうなんですか。

A：うん，忙しくて。

B：忙しいんです？

A：え，忙しくないですか？すっごい忙しい。① M1（修士課程1年生）ですよね。

B：はい。

A：すっごい忙しくないですか？授業が。②

B：えー。前期はすっごい忙しかったですけど，後期はダラーンとなって。

A：あー ｜えー｜ そっか。前期 ｜はい｜ も後期も忙しい。

　このように，逆接用法や対比用法は，これらの用法に特徴的な対立関係の解消のされ方を反映するかたちで自由談話のトピック展開に関わっていると言える。

3.2.3.2　前置き用法，提題用法と自由談話のトピック展開との関わり

表2-3　自由談話における前置き用法の出現位置（再掲）

開始部	主要部			終結部
	開始位置	主要位置	終結位置	
4（5/5）	15（22/18）	101（85/89）	9（17/15）	1（1/3）

表2-4　自由談話における提題用法の出現位置（再掲）

開始部	主要部			終結部
	開始位置	主要位置	終結位置	
0（0/0）	6（5/5）	32（32/33）	0（1/0）	0（0/0）

　逆接用法や対比用法がトピックの開始に関わる部分に見られなかったのに対して，表2-3と表2-4からわかるように，前置き用法や提題用法はトピックの開始に関わる部分に見られる（→例（10），例（11））。例（10）は「お酒の飲み方」についてのトピックから「お酒の種類」というトピックに移行している例であり，例（11）は「普段の食事」についてのトピックから「Aが所属する専攻の研究室のしくみ」というトピックに移行している例である。いずれもトピックの開始位置にケドが見られる。

（10）　A：ウィスキー好きな人はやっぱりストレートやね。

　　　　B：え，それはやっぱりそっちの方が美味しい？

　　　　A：うん，やっぱり氷入れたり水で薄めるともちろん薄くなっちゃうし，氷入れると，あの，冷えて ¦氷も入れない¦，うん，冷えて飲みやすくなるんだけど，やっぱり香りも消えちゃうし，味も，ね，冷えてわかんなくなっちゃうし。

　　　　B：そうなんですか。

　　　　A：そうそう。

　　　　B：へー，ちょっと思い出したんですけど，バーボンっていう

のは。

A：うん，バーボンは，えっとね，ウィスキーの中の一分類。

（11）A：友達とご飯でも食べに行く時，どっかうまいとこないって
　　　　言われても，外食しませんからね，実家だと。

B：あー，そうですね。

A：えー。

B：え，あの，研究室とか，○○（Aの専攻名）って，たくさ
　　ん研究室とかあるみたいなんですけど，どういう仕組みに
　　なってるんですか？

A：あー，たくさんありますね。

　2.2.1.3と2.2.1.4で述べたように，前置き用法や提題用法においては，当
該文脈で後件を発話した場合に生じるであろう想定が前件によって抑制さ
れるという関係が成立している。例（10）では，新たなトピックを開始し
た時に聞き手が抱くであろう「何故，バーボンの話が突然出てくるのか」
というトピック間の関係に関する想定の顕在化が前件によって抑制されて
いる。また，例（11）では，新たなトピックに移行するに際して，聞き手
が顕在化しておくべき想定が前件で提示されることによって，トピックの
移行が円滑に行われている。このように，前置き用法や提題用法において
は「抑制」という関係が解釈過程で成立するために，逆接用法や対比用法
とは異なり，トピックの開始位置に見られると考えられる。
　ただし，同じくトピックの開始位置に用いられる場合であっても，両
者の間にはトピックの性格に関した違いが見られた。3.2.2.1で述べたよう
に，本談話資料におけるトピックには，まったく新しいトピックである
「新出型」，それ以前のトピックに関連するトピックである「派生型」，そ
れ以前のトピックについて再び言及される「再出型」という三つのタイプ
が認められたが，トピックの開始位置に見られる前置き用法と提題用法を
さらに詳しく観察したところ，前置き用法は新出型，派生型，再出型のい

ずれの型の開始位置にも見られた。これに対して，提題用法は新出型，派生型の開始位置には見られたが，再出型の開始位置には見られなかった。これは再出型の場合には，それ以前に一度トピックとなっており，わずかな手がかりで再び呼び出すことが可能であるためであると考えられる。先に挙げた再出型の例（7）を以下に再掲する。

(7) A：○○県，あのー，どこら辺ですかね，って聞いてもわかんないかもしれないけど，知り合いが一人だけいるから。

B：△△（地名）なんですけどね。

A：あー，よく分からないけど，聞いたことはあるんで，聞いたこと，うーん。

B：これは何でこの調査やってって言われたん？

A：いや，あのー，研究室の先輩から ｜やっぱそうなんや｜，M1，M1しかだめって言われて ｜うん｜，で，なんか，行ってくれないって言われたから。

B：なんやろか，この調査。

　　　（中略）

A：あのー市内の，P大学から。

B：あ，P大学。

A：ええ。

B：あー。

A：え，知ってるんですか？

B：知ってますよ ｜あー｜。友達がアイスホッケーやってて ｜あ，アイスホッケー｜，P（大学）とアイスホッケーの試合しとったん見たことあるし。

A：あー。

B：へー。

A：そっかー，○○（県名）は一回しか行ったことないんですけど，ちょうど冬行ったんで，すごい寒かったような気が

｜あー｜，うん。

　上の例において，下線部のケド節は「Bの出身県に何度も行ったことが
あるとBに思われないようにする」という前置き的な働きをするが，同時
にその中に含まれる「○○（県名）」によって前出の「Bの出身県」につ
いてのトピックに戻ることが示されている。すなわち，ここでのケド節は
後件から顕在化するであろう「Bの出身県に何度も行ったことがある」と
いう想定を抑制すると同時に，先行文脈と当該発話がどのような関係にあ
るかを示す働きもしていると言える。この例のように，わずかな手がかり
で再び呼び出すことが可能な状況において「さっきの○○（Bの出身県）
の話ですけど」などという提題用法のケド節をさらに付加すれば，処理に
要する労力のみが増すことになるであろう。本談話資料において，先行文
脈と当該発話との関係を示す働きをする提題用法が再出型の開始位置に見
られなかったのは，再出型に特有の「トピックの呼び出されやすさ」のた
めであると考えられる。
　以上のように，自由談話における前置き用法と提題用法はいずれもト
ピックの開始位置に見られるが，提題用法に関しては，トピックの性格に
よってその出現が制限されるという特徴がある。ただし，再出型トピック
の開始位置における提題用法の使用に関しては，他の種類の談話において
も同様の特徴が見られるのか，今後さらに検討する必要があるであろう。
　これまで見てきたトピックの開始位置以外に，前置き用法と提題用法
は，例（12）や例（13）のように，トピックが具体的に展開される主要位
置にも見られる。

（12）A：じゃあ，外国でも古めかしい感じのするところがいいんだ。
　　　B：俺ね，フランスが好きなんよ。
　　　A：あ，そうなんだ。
　　　B：うん。
　　　A：フランス，（私も）一回だけ行ったことある。

B：あーあー。

　　A：うん。

　　B：俺も一回しか行ったことないけど，また行きたいなという。

　　A：あー，そっか。

（13）A：今，台湾とか ┆あーあー┆ すっごい人気でしょ？日本語。

　　　B：そうですね，台湾だったら（仕事が）ありそうですね。

　　　A：友達，台湾の人いっぱいいますけど，ほとんどの人，日本
　　　　　語しゃべれましたよ。

　　　B：あーやっぱり。うん，そうですね。

　　上の例においても，先の例（10），（11）と同様，後件がそれぞれの文
脈で導入された場合に顕在化すると思われる想定がケド節によって抑制さ
れている。例（12）において，ケド節が提示されなければ，「（フランス好
きのBは）何度もフランスに行ったことがあるのではないか」という想定
をAが抱き，話し手Bが意図しない方向にその後の談話が展開される可能
性がある。しかしながら，ケド節によってそのような想定が抑制される
ことで，Aが望まない方向に談話が展開することが回避されていると言え
る。また，例（13）においては「台湾人の友達がたくさんいる」というこ
とがケド節で提示されることにより「台湾人が日本語を話せるとAが述べ
るのはどのような根拠にもとづいているのか」という想定が抑制されてい
ると考えられる。

　　このように，前置き用法や提題用法はトピックの開始位置やトピックが
具体的に展開される部分に現れ，聞き手が抱くであろう想定を抑制する
ことによって，話し手の望む談話展開に導く働きをしている。表2-3や表
2-4に示される出現数の多さから，自由談話においては話し手が談話展開
に注意を払っていることがわかる。

　　これまでは前置き用法と提題用法に共通する出現位置について見てきた
が，両者の出現位置には違いも見られる。表2-3と表2-4からわかるよう

に，前置き用法と異なり，提題用法は会話の開始部や小トピックの終結位置にほとんど見られない。この違いは提題用法によって抑制される想定がトピックに特定されていることと密接に関わるものであると考えられる。

　まず，会話の開始部に見られないのは，先にも述べたように，この部分が「あいさつ」による人間関係の構築や具体的なトピックを特定するための準備段階という性格を持つために，トピックに関する想定の抑制を必要とするような発話が行われなかったためであると考えられる。では，トピックの終結位置にほとんど見られないということに関してはどうであろうか。

　2.2.1.4で見たように，提題用法のケド節は後件から生じるであろうトピックの関連性に関する想定を抑制するために提示される。これは換言すれば，提題用法が用いられる場合には，話し手が特にトピックの関連性に注意を払っているということである。会話において，トピックの移行のタイミングは参加者に委ねられているが，話し手が提題用法を用い，トピックの関連性に配慮して導入した事がらを一方的に終結させ，別のトピックへと移行することは「自らの欲求が相手に対しても望ましいものであってほしい」という話し手のポジティブ・フェイスを侵すことにつながる。トピックの終結位置に提題用法がほとんど見られないのはこのような理由によるものであると考えられる。

　以上見てきたように，ともに「抑制」という関係が成立する前置き用法と提題用法は，トピックの開始位置や主要位置に関わるという点で共通するが，抑制される想定の性格の違いから，前置き用法の方がトピック展開のより多くの側面に関わる。

3.2.3.3　挿入用法と自由談話のトピック展開との関わり

　2.2.1.5で述べたように，挿入用法は発話の途中という特殊な位置でケド節が用いられるが，そこで成立する対立関係や解消のされ方は前置き用法や提題用法と同様であると考えられる。本談話資料中に見られた挿入用法に関しても，例（14）や例（15）のように，ケド節を文頭に移動すると，

それぞれ前置き用法，提題用法となり，逆接用法や対比用法となるような挿入的なケド節は見られなかった。

（14）　A：（タイ語にも）声調ってあるんでしたっけ？ない？
　　　　B：あ，あります，あります。
　　　　A：あー〈うんうん〉あー，そうですよね。
　　　　B：えーえー。なんか，ちゃんと声調にも，ちょっと私覚えてないんです<u>けど</u>，これ何の声調って名前がついてたと思います。

（15）　A：バーボンウィスキーの特徴としては，あの，内側を，あ，樫の木の樽なんだ<u>けど</u>，焦がしてあるのね。

　このように，挿入用法は前置き用法や提題用法と密接に関わるが，ここでトピック構造中の出現位置に着目すると，前置き用法や提題用法とは異なる現れ方をしていることがわかる。

表2-5　自由談話における挿入用法の出現位置（再掲）

開始部	主要部			終結部
	開始位置	主要位置	終結位置	
0（0/0）	1（2/0）	22（21/22）	0（0/1）	0（0/0）

　表2-5からわかるように，前置き用法や提題用法と異なり，挿入用法はトピックの開始位置にはほとんど見られない。挿入用法は話し手が発話の途中に必要と感じた時点で補足的にケド節を挿入するものである。そのような挿入用法がトピックの開始位置に見られないということは，話し手が新たなトピックを導入する際に，特に注意が払われていることの表れであろう。
　会話に新たに導入されたトピックは，それがトピックとして定着すると

いう保証も，その後，話し手の望み通りに展開していくという保証もない
（橋内1988）。従って，新たなトピックが導入される際には，そのトピック
の定着，発展を阻害する想定が顕在化する可能性がないかどうかというこ
とに特に注意が払われることになる。そのように抑制すべき想定がないか
どうかが特に慎重に予め検討されるために，思いついたところでケド節が
提示されるという挿入用法はトピックの開始位置にほとんど見られないと
考えられる。

　いま，トピックの開始位置においては抑制すべき想定がないかどうかに
特に注意が払われると述べたが，このことを確認するために，挿入用法と
同様，ケド節が文頭に置かれない倒置的なケドについて見てみる。第1章
において述べたように，ケド節が独立的に用いられる場合，挿入用法のよ
うに文の途中に置かれる以外にも，例（16）のように，文の終わりに置か
れることがある。もし，トピックの開始に際して，話し手が特に注意を
払っているのであれば，挿入用法と同様，倒置的なケドもトピックの開始
位置には見られないと予想される。

　　（16）A：他のポーランド人の人も日本語話せるから，言葉の心配は
　　　　　　　なかったんですよ。自分の生活に関しては ｜うんうん｜ な
　　　　　　　んか色々大変でしたけど。

　本談話資料中に見られた倒置的なケドについて，前件と後件の関係から
用法を認定した上で，トピックの展開構造におけるそれぞれの出現位置を
調べたものが表3である。

表3　自由談話における倒置的なケドの出現位置別の出現数

	開始部	主要部			終結部
		開始位置	主要位置	終結位置	
逆接	0　(0/0)	0　(0/0)	3　(3/3)	0　(0/0)	0　(0/0)
対比	0　(0/0)	0　(0/0)	4　(4/5)	1　(1/0)	0　(0/0)
前置き	1　(1/1)	4　(6/4)	94　(88/97)	11　(15/8)	0　(0/0)
提題	0　(0/0)	0　(0/0)	0　(0/0)	0　(0/0)	0　(0/0)

　表3からわかるように，挿入用法と同様，倒置的なケドに関しても，その大半が主要位置に見られ，開始位置に現れるものはわずかである。ここからも，トピックの導入に際して，抑制すべき想定の有無に特に注意を払うという話し手の姿勢がうかがわれる。

　ここで注目すべきは，前置き用法と同様の解釈過程を持ちながら，提題用法に関しては倒置的なものが見られなかったということである。提題用法のケド節によって配慮されるトピックの関連性というのは，発話の解釈を行う上で処理労力の面からも重要な意味を持ち，話し手もそのことを意識しているため，[Aケド B] という形で提示されると考えられる。自由談話において，挿入用法は23例見られたが，その内，提題的なものは4例のみであったこともその表れであろう。

　2.2.1.5で述べたように，挿入用法はケド節の出現位置が特殊な前置き用法や提題用法であると考えられるが，その出現位置の特異性のために，トピックの展開に関しては前置き用法や提題用法とは異なる関わり方をする。では，同じくケド節が独立的に用いられる終助詞的用法はどうであろうか。最後に終助詞的用法とトピック展開との関わりについて考える。

3.2.3.4　終助詞的用法と自由談話のトピック展開との関わり

表2-6　自由談話における終助詞的用法の出現位置（再掲）

開始部	主要部			終結部
	開始位置	主要位置	終結位置	
5（5/8）	1（5/2）	104（93/96）	5（12/6）	0（0/3）

　表2-6を見て気がつくことは，終助詞的用法の出現位置が前置き用法の出現位置と類似しているということである。このことはトピックの展開上，両者が類似した働きをすることを示すものであるが，その後のトピック展開に関して，両者には異なる点が見られる。次の例（17）と例（18）においては前置き用法と終助詞的用法がそれぞれトピックの主要位置に用いられているが，その後，トピックをどちらの会話参加者が展開させるかに関して両者には違いが見られる。

（17）　A：え，専門は何なんですか？

　　　　B：あの，えーと，英語教育の，早期英語教育についてやってるんですよ。

　　　　A：あ，あの，小さい時から英語を教えて ｜そう｜ やるっていう。それって良いことなんですか？

　　　　B：よく聞かれるんですけど，なんか賛否両論あるんですね。

　　　　A：あー。

　　　　B：まあ，賛否の賛の方は小さい頃からやった方がそりゃいいだろうということで ｜あー｜，で，否の方は，あんまり小っちゃい時からやりすぎたら，日本語もうまくしゃべれないような，変な言葉が出来上がるんじゃないかと。

　　　　A：あー，なるほど。

（18）　B：で，まあ，友達があと好きっていうのもあって ｜うんう

ん｜，あと，タイの友達が｜うんうん｜　あの，行ったとき
　　　に出来てたので｜はいはい｜，無理矢理文通とかで書いた
　　　りとかしてたから｜はーはーはーはー｜，うん。
Ａ：<u>文字とかすごい難しそうだけど。</u>
Ｂ：いや多分，実は多分簡単だと思います。
Ａ：そうなんですか。
Ｂ：なんか｜うん｜，声調もあるんですけど｜うんうん｜，これ
　　　何の声調って名前が付いてるらしくて。
Ａ：あ，そうなんですか。
Ｂ：タイ人に一回聞いた時に｜うんうん｜，これは何とかだっ
　　　ていうふうに教えてくれたんですけど｜うんうん｜，結局
　　　わからなくて。

　上の例（17）では「早期英語教育」が話題になっているが，Bによって
発せられた下線部の前置き用法以降の展開を見ると，Bが引き続き発話を
行っており，当該発話の聞き手であるAは「あー」や「あーなるほど」と
いったあいづちを打っている。これに対して例（18）では，下線部で終助
詞的用法としてAによって提示された「（タイ語の）文字は難しい」とい
う事柄について，当該発話の聞き手であるBがその後の談話を展開してい
る。
　このように，前置き用法と終助詞的用法はトピックの展開構造における
出現位置は類似しているが，その後のトピックをどちらの会話参加者が展
開するかに関して，両者は異なっている。上に見たような終助詞的用法の
特徴は，この用法がターンを譲渡する働きを持つ（佐藤1993）ことと関わ
ると考えられる。また，表2-3と表2-6を見ると，トピックの開始位置に
おける出現数に関しても両者は異なるが，これも終助詞的用法のターン・
テーキングに関する働きと密接に関わると考えられる。このような，終助
詞的用法とターン・テーキングとの関係については次章において考察を行
う。

110

本節では，談話の形成に時間的な制約が存在する話し言葉の談話資料として「自由談話」を分析し，そのトピック展開に接続助詞ケドの各用法がどのように関わるかを明らかにした。その結果，前章で明らかにしたような，対立関係がどのように解消されるか（「棄却」あるいは「抑制」）やその過程で排除される想定の性格の違いから，トピック展開への関わり方に関して各用法に違いが見られることが明らかになった。本節で明らかになったことをまとめると以下のようになる。

1）呼び出し可能性が高められている想定が後件（もしくは後件から顕在化する想定）によって棄却されるという特徴を持つ逆接用法や対比用法は会話の開始部やトピックの開始位置には見られない。

2）当該文脈で後件を述べた場合に生じるであろう想定が前件（もしくは前件から顕在化する想定）によって抑制されるという特徴を持つ前置き用法や提題用法は，逆接用法や対比用法とは対照的に，トピックの開始に関わる部分に見られる。ただし，提題用法の場合には，抑制される想定がトピックに特定されているという特徴から，出現位置が開始位置と主要位置に限定される。また，提題用法は再出型トピックの開始位置には見られない。

3）同じくケド節が独立的に用いられながら，挿入用法と終助詞的用法はトピック展開への関わり方が異なる。挿入用法は，発話の途中で挿入されるという特徴を持つため，出現位置がトピックの主要位置に限定されている。一方，終助詞的用法は会話の開始部やトピックの主要位置，終結位置に現れるなど，その現れ方は前置き用法と類似している。ただし，その後のトピック展開は異なり，終助詞的用法の場合には，聞き手によってその後のトピックが展開される。

　このように，前章で明らかにした接続関係の特徴とトピック展開との関わりが明らかになったが，ここで明らかになったトピック展開への関わり

方が談話の形成に時間的な制約が存在する「自由談話」という談話の性質に起因するものであるのか，それとも他のタイプの談話においても言えるのかについてはさらに検討する必要がある。そこで，次節では表現や構成を推敲する時間がある「社説」という書き言葉の談話を対象として，接続助詞ケドの各用法とトピック展開との関わりについて分析する。

3.3　「社説（書き言葉）」のトピック展開と接続助詞ケドの関わり

　本節では，談話が形成される際に表現や構成を推敲する時間がある書き言葉における談話のトピック展開と接続助詞ケドの関わりについて明らかにし，前節で得られた結果との比較を行う。

3.3.1　分析資料

　談話が形成される際に表現や構成を推敲する時間がある書き言葉として，本節では「社説」を分析する。ここで社説を分析するのは，自由談話と同様，談話中のトピック展開における出現位置に着目して考察を行うにあたり，トピックの構造が比較的明らかであり，また，質的，量的にほぼ同じものを多く得ることが可能であるという理由からである。社説は談話が形成される際に表現や構成を推敲する時間があること以外にも，談話が単一の「書き手」によって形成されるという点で自由談話と異なる。

　本節で分析資料として用いるのは2000年の10月27日から11月9日に朝日新聞，読売新聞，毎日新聞，産経新聞に掲載された108のテーマに関する社説のうち，接続助詞ケドが用いられていた87のテーマに関する社説である。

3.3.2　社説におけるトピックの展開構造と接続助詞ケドの出現位置
3.3.2.1　社説におけるトピックの展開構造

　本節で分析する87の社説を観察すると「社説」というタイプの談話に共通するいくつかの特徴があることに気づく。社説を観察してまず気がつくことは，談話の開始部分（「開始部」）と終結部分（「終結部」）に共通の

特徴があるということである。

　まず，開始部についてであるが，単独の書き手によって構築される社説の開始部には，前節で見た自由談話のように，「挨拶」のやり取りは見られないが，それ以後の叙述のきっかけとなる出来事が述べられるという共通の特徴が見られる（→例（19））。

> （19）イランのハタミ大統領が31日，来日する。イランの元首級の
> 　　　要人が日本を訪れるのは42年ぶりのことである。森喜朗首相
> 　　　との会談のほか，衆院本会議での演説，経済諸団体との会合な
> 　　　ど，盛りだくさんの予定が組まれている。
> 　　　　　　　　　　（朝日新聞　2000年10月30日「社説：ハタミ師来日」）

　例（19）ではイランの大統領が来日することが述べられているが，これ以後，大統領の来日に関わる様々な出来事や書き手の意見などが述べられることになる。

　次に，社説の終結部について見る。自由談話においては「先終了句」，「終結のための準備段階」，「最終交換」によって終結部が構成されていたが，社説の終結部にはそれらの要素は見られない。しかしながら，社説が無秩序に終結されるというわけではなく，書き手がそれまでに述べてきたことを総括する叙述が見られるという特徴がある（→例（20））。

> （20）今国会では不祥事ばかりがテーマだった。低迷を続ける日本政
> 　　　治の反映である。次の機会には，骨太の討論を期待したい。
> 　　　　　　　　　　（毎日新聞　2000年11月2日「社説：党首討論」）

　例（20）は「党首討論」についての社説の終結部であるが，これ以前には「民主党の鳩山由紀夫代表は……大半は中川前官房長官問題に費やした。……社民党の土井たか子党首は……KSDと自民党との関係を問いただした。……政治への不信を解消するには，各党首が先頭になり自らの指

導性を国民の前に誇示しなければならない」と述べられており，例（20）
はそれらの叙述を総括するものであると言える。

　このように，本節で分析する社説には，開始部と終結部に関してそれぞ
れ共通の特徴が見られるが，それらの間の具体的な叙述が行われる部分
（「主要部」）に関しても，共通の特徴を見出すことが出来る。社説の主要
部ではまず，「開始部」で提示された出来事についての解説が行われる。
以下の例（21）における下線部では，開始部で導入された「日本『南京』
学会の発足」という出来事について，その背景情報などの解説が行われて
いる（「解説」）。そのように解説が行われた後は開始部で導入された出来
事に関連する叙述が行われている。

（21）虐殺の有無や程度をめぐって争われている南京事件について，
　　　学問的に検証しようという「日本『南京』学会」が発足した。
　　　冷静で自由な討論によって資料批判を重ね，客観的な真実に近
　　　づくことを期待する。【開始部】南京事件は，昭和12（1937）
　　　年末から翌年にかけて，旧日本軍が当時の中国の首都，南京を
　　　攻略・占領した際，中国軍捕虜や市民を虐殺したとされる事件
　　　である。……「日本『南京』学会」はそうした学問的な成果
　　　を学者や研究者が持ち寄り，意見交換する場として設立され
　　　た。……　　　　　　（産経新聞　2000年10月30日「社説：南京事件」）

　また，次の例（22）は上の例（21）と同一の社説の一部であるが，例（22）
では「南京大虐殺」という出来事に関わる「本の出版」という出来事が導
入され，それについての叙述が行われている（「累加」）。

（22）中国側が主張する「南京大虐殺30万人」説に疑問を抱く学者
　　　グループが今月，「再審『南京大虐殺』―世界に訴える日本の
　　　えん罪」と題する日本語と英語を併記した本を出した。これも
　　　注目すべき新しい動きだ。

（産経新聞　2000年10月30日「社説：南京事件」）

　この他にも，関連する出来事についての叙述が行われる場合には，次の
例（23）のように，それまでの叙述と対立する出来事が提示され，展開さ
れる場合もある（「対立」）。例（23）では，「船舶検査法案が閣議で決定さ
れた」という出来事をうけて，そのことを評価する叙述が行われている。
しかしながら，下線部以降では，一転してそのような法案の問題点が指摘
され，批判がなされている。

　（23）検査法ができれば日本側の作戦行動，米軍支援の限界が明瞭に
　　　　なり，両者の連帯感，信頼性が高まるのは当然である。また，
　　　　国連決議に基づく自衛隊の活動として，集団的自衛権への道を
　　　　開く一助としても期待できよう。しかし問題がないわけではな
　　　　い。まず武力行使が封じられている。正当防衛，緊急避難以外
　　　　の武器使用が禁じられているのである。
　　　　　　　　（産経新聞　2000年10月28日「社説：船舶検査法案」）

　このように，「開始部」で提示された出来事について，主要部では「解
説」，「累加」，「対立」という形で叙述が行われている。
　以上見てきたように，「社説」というタイプの談話においても，開始部，
主要部，終結部にはそれぞれ共通の特徴が見られる。これを図示したもの
が図3である。

第3章　談話のトピック展開と接続助詞ケドの関わり　115

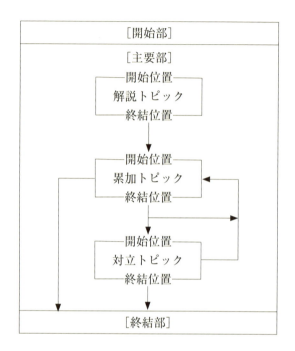

図3　社説におけるトピックの展開構造

　以下においては，このようなトピックの展開構造における各用法の出現位置について見ていくが，これまで見てきたように，単一の「書き手」によって談話が展開される社説では，各部分の性格が自由談話とは大きく異なる。例えば，自由談話の開始部や終結部は人間関係の維持という性格が強かったが，社説の開始部や終結部はそれぞれ「その後の叙述のきっかけとなる出来事の提示」，「叙述の総括」という性格を持つ。ここから，各用法の現れ方も異なることが予想される。

3.3.2.2　トピックの展開構造における接続助詞ケドの出現位置
　社説において展開されるトピックが構造化されていることを上に見たが，先に見た自由談話と同様に，構造中の出現位置を調べたものが表3で

あり，用法別に出現位置を調べたものが表4-1～表4-4である。なお，これまでと同様，社説においても筆者以外の分析者2名に，トピックの切れ目について分析を行ってもらった。表3と表4-1～表4-4の（　）内の数字は筆者以外の分析者の判断にもとづいた際のケドの数である。（　）内の左側の数字が分析者Xの判断，右側の数字が分析者Yの判断によるものである。なお，2名の分析者は先の自由談話と同じ分析者である。

表3　社説における接続助詞ケドの出現位置別の出現数

| 開始部 | 主要部 | | | 終結部 |
	開始位置	主要位置	終結位置	
24（25/23）	22（33/31）	90（67/72）	23（31/33）	10（13/10）

表4-1　社説における逆接用法の出現位置

| 開始部 | 主要部 | | | 終結部 |
	開始位置	主要位置	終結位置	
7（7/7）	0（0/0）	10（7/7）	3（6/6）	0（0/0）

表4-2　社説における対比用法の出現位置

| 開始部 | 主要部 | | | 終結部 |
	開始位置	主要位置	終結位置	
0（0/0）	0（1/1）	14（12/15）	2（3/0）	0（0/0）

表4-3　社説における前置き用法の出現位置

| 開始部 | 主要部 | | | 終結部 |
	開始位置	主要位置	終結位置	
14（16/14）	15（21/20）	39（26/30）	13（15/17）	10（13/10）

第3章　談話のトピック展開と接続助詞ケドの関わり　117

表4-4　社説における提題用法の出現位置

開始部	主要部			終結部
	開始位置	主要位置	終結位置	
3（2/2）	7（11/10）	27（22/20）	5（7/10）	0（0/0）

　以下においては上の表4-1〜表4-4をもとに，社説のトピック展開と接続助詞ケドの各用法との関わりについて明らかにし，前節で得られた結果との比較，考察を行う。

　なお，挿入用法や終助詞的用法など，ケド節が独立的に用いられる用法は社説において見られなかった。これは，社説では話し言葉のように言語表現の産出に時間的な制約がなく，また，これまでに終助詞的用法の特徴として見たように，その後のトピックの展開を引き継ぐ相手も存在しないためであると考えられる。

3.3.3　接続助詞ケドと社説のトピック展開との関わり
3.3.3.1　逆接用法，対比用法と社説のトピック展開との関わり

表4-1　社説における逆接用法の出現位置（再掲）

開始部	主要部			終結部
	開始位置	主要位置	終結位置	
7（7/7）	0（0/0）	10（7/7）	3（6/6）	0（0/0）

表4-2　社説における対比用法の出現位置（再掲）

開始部	主要部			終結部
	開始位置	主要位置	終結位置	
0（0/0）	0（1/1）	14（12/15）	2（3/0）	0（0/0）

　表4-1と表4-2からわかるように，各小トピックの開始位置には逆接用法も対比用法もほとんど見られない。両者はトピックが具体的に展開され

る主要位置に多く見られる（→例（24），例（25））。これは前節で見た自
由談話において得られた結果と同様である。

（24）そんな状況の中で今年5月，政治的な打開案として，「四党合
意」が示された。国労がまず「JRに法的責任がない」と認め
る。これを前提条件に，与党はJR各社に「人道的観点」から
雇用などを検討してほしいと要請する，といった内容である。
一貫してJRの法的責任を追及してきた国労にとってはまず
「屈服」を迫られるような案だが，執行部は「この機を逃せば
解決は遠のく」と受け入れをはかった。

（朝日新聞　2000年10月31日「社説：JR不採用」）

（25）反ダンピング措置の結果を見ると，鉄鋼業界の再建に少しも役
立っていない。日本などからの輸入は激減したが，米国内の
ユーザーや流通業者は，供給や品質に不安のあるメーカーを嫌
い，反ダンピング措置の対象外だった韓国，中国，台湾などか
らの輸入を増やした。

（読売新聞　2000年10月31日「社説：制裁関税」）

　このように，逆接用法や対比用法の出現位置に関して，棄却される想定
の呼び出し可能性が高められている主要位置に見られ，開始位置には見ら
れないという特徴は，談話の形成に時間的な制約が存在するかどうかに
かかわらず確認される。ただし，表4-1を見ると，自由談話とは異なり，
社説においては談話の開始部に逆接用法が見られることがわかる（→例
（26））。

（26）川端康成の名作「雪国」の舞台で知られる新潟県の湯沢，塩沢，
大和，六日町の四町合併で「雪国市」を誕生させる構想が，地
元青年会議所の若手経営者を中心に持ち上がったのは二十年も

第3章　談話のトピック展開と接続助詞ケドの関わり　119

前である。四町の青年会議所は「雪国青年会議所」に合体して
合併運動を展開したが，雪国市構想はとん挫したままだ。

（産経新聞　2000年11月5日「社説：市町村合併」）

　自由談話の開始部においては，具体的なトピックが開始される前に，会
話を始めるに際しての挨拶など，会話の「場」作りの要素が提示されるた
めに，相手が抱く想定を棄却する逆接用法は現れにくい。一方，社説の場
合には，既にそのような「場」が設定されており，開始部において具体的
な出来事が提示されるために逆接用法が用いられると考えられる。ただ
し，開始部に見られる逆接用法の7例中6例が，上の例（26）のように，
2文目以降に現れていることを考えれば，やはりこれらの用法は棄却され
る想定の呼び出し可能性が高められた状況で用いられると言えよう。例
（26）では「雪国市構想には進展があったであろう」という想定が後件に
よって棄却されているが，最初の文の「雪国市構想は20年も前からある」
によってそのような想定の呼び出し可能性が高められていることがわかる。
　このように，前節で見た自由談話と同様，社説においても逆接用法や対
比用法はトピックが具体的に展開される部分に主に関わり，トピックの開
始位置にはほとんど見られない。また，逆接用法は社説の開始部にも見ら
れるが，これは開始部の性格が自由談話と異なるためであると考えられる。

3.3.3.2　前置き用法，提題用法と社説のトピック展開との関わり

表4-3　社説における前置き用法の出現位置（再掲）

開始部	主要部			終結部
	開始位置	主要位置	終結位置	
14（16/14）	15（21/20）	39（26/30）	13（15/17）	10（13/10）

表4-4　社説における提題用法の出現位置（再掲）

開始部	主要部			終結部
	開始位置	主要位置	終結位置	
3（2/2）	7（11/10）	27（22/20）	5（7/10）	0（0/0）

　次に，前置き用法，提題用法と社説のトピック展開との関わりについて
考える。上の表4-3と表4-4からわかるように，両用法ともにトピックの
開始位置に見られるという点は前節で見た自由談話と同様である。

　ただし，開始位置に見られる前置き用法と提題用法をさらに詳しく観察
したところ，開始位置における出現には展開型に関する制約があり，先に
見た例（23）のような対立型の開始位置には前置き用法や提題用法は見ら
れなかった。これは，社説において立場や意見の対立を明らかにすること
は書き手の立場や意見を明らかにする上でも重要であり，例（23）におけ
る「しかし問題がないわけではない」のように，接続詞を用いて対立を明
示する形でトピックが開始されるためであると考えられる。

　また，出現位置に関して，自由談話とは異なる点も存在する。自由談話
において，提題用法は小トピックの終結位置には見られなかったが，社説
の場合には例（27）のように終結位置にも提題用法が見られる。

　（27）ねつ造の背景には，日本の土質では人骨などが残りにくく，年
　　　　代の特定には石器が出土した地層しか頼るものがないという研
　　　　究の実態がある。その意味では信頼で成り立っている分野と
　　　　言ってもいいが，今回の不祥事ではそれが踏みにじられた。も
　　　　う一つ，昨今の考古学ブームも背景にあろう。

　　　　　　　　　　　（読売新聞　2000年11月7日「社説：発掘ねつ造」）

　これは談話の参加者が自由談話と社説とでは異なるためであると考えら
れる。先に述べたように，自由談話において終結位置に提題用法が見られ
ないのは，相手がトピックの関係に配慮して導入した事がらを一方的に終

結することが相手のフェイスを侵すことにつながるためであると考えられる。一方，社説の場合には，談話の展開が書き手一人に委ねられているために，終結位置に提題用法が見られることになる。

このように，前置き用法や提題用法は社説においても，自由談話と同様，トピックの開始位置や主要位置に見られる。ただし，開始位置においては対立型の開始位置には見られないという展開型に関する制約がある。また，終結位置に提題用法が見られるという点も自由談話とは異なる。

以上，談話が形成される際に表現や構成を推敲する時間があり，単一の「書き手」によって談話が展開される「社説」のトピック展開に接続助詞ケドの各用法がどのように関わるかを明らかにした。それらを前節で明らかにした「自由談話」における関わり方と比較することで，両談話に共通する接続助詞ケドの関わり方と「社説」に特有の関わり方とが明らかになった。それぞれについてまとめると，以下のようになる。

〈共通の特徴〉
　・逆接用法や対比用法は小トピックの開始位置には見られない。
　・前置き用法と提題用法はともにトピックの開始位置に見られる。

〈社説にのみ見られる特徴〉
　・開始部に逆接用法が見られる。ただし，開始部に見られる逆接用法の7例中6例が，2文目以降の，棄却される想定の呼び出し可能性が高められた状況で用いられている。
　・トピックの終結位置にも提題用法が見られる。これは，社説ではトピックの展開が単一の「書き手」によってなされるためであると考えられる。
　・社説においては挿入用法や終助詞的用法という，ケド節が独立的に用いられる用法は見られない。

122

3.3.4 接続助詞ケドと社説の構成要素との関わり

これまでは，発話（文）の集合体である談話のトピック展開と接続助詞ケドの関わりについて見てきたが，発話（文）が集合してトピックを構築する際に，個々の発話（文）はトピック構成上の役割を担う。例えば，本節で分析を行った「社説」では，以下に述べるように，コメント文と非コメント文によってトピックが構成され，個々の文はそのいずれかの役割を担う。以下においては，個々の文の役割が明確な「社説」を用いて，トピック構成上の役割と接続助詞ケドの各用法との関わりについて明らかにする。

3.3.4.1 コメント文と非コメント文

新聞中のコラム[8]について分析を行ったMaynard（1996, 1998）によれば，新聞中のコラムは「コメント文」と「非コメント文」という二つのタイプに分けられるという。Maynard（1996, 1998）によれば，「コメント文」とは感情，反応，見方，意見，希望，提案など，書き手の個人的態度を表すものであり，次のような言語形式によって特徴づけられる。

- ・名詞述語文（のだ，ことだ，からだ，等）
- ・執筆者自身の言語行動に触れる表現（と言える，と言いたい，等）
- ・執筆者自身の感情，思考などにふれる表現（と思う，感じがする，て欲しい，等）
- ・推量の助動詞（だろう，らしい，等）
- ・執筆者自身の態度を示す文末表現（ではないだろうか，等）

これに対して，「非コメント文」とは客観的な事実や出来事を述べるような文であるとされる。

---

8) 田中（1988）によれば，社説が論説委員全体の討論にもとづいた意見を述べることを目的とした文章であるのに対して，コラムは書き手の個人的体験にもとづいた随筆的な性格を持つという。

Maynard（1996, 1998）のこのような指摘をふまえ，改めて「社説」を観察すると，「社説」というタイプの談話も，コラムと同様，書き手の意見，判断などが述べられる「コメント文」と出来事，事実が述べられる「非コメント文」とから成ることがわかる（→例（28））。

> （28）民間非営利組織（NPO）の参入が少ないことも，厚生省の調べで浮かび上がった【非コメント文】。NPOが活動しやすい税制に改めたり，自治体が事務所の経費を補助したり，研修を手助けするなど，NPOを介護の担い手として育てる努力が必要だと思う【コメント文】。それは新たな雇用を生み出す効果もあろう【コメント文】。
>
> （朝日新聞　2000年10月29日「社説：介護労働」）

以下においては接続助詞ケドが社説を構成する「コメント文」，「非コメント文」という二つの要素とどのように関わるかについて明らかにし，解釈過程との関係について考察を行う。

3.3.4.2　接続助詞ケドとコメント文・非コメント文との関わり

本節で分析した社説中に見られた169例の接続助詞ケドについて，それがコメント文，非コメント文のどちらとして用いられているかを調べたものが次の図3である。

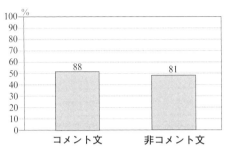

図3 接続助詞ケドとコメント文，非コメント文との関わり

図3を見ると，接続助詞ケドは社説中のコメント文と非コメント文のいずれにもほぼ同程度に関わっていると言えるが，用法別に観察すると，その関わり方にはそれぞれ特徴があることがわかる。接続助詞ケドの各用法がコメント文，非コメント文とどのように関わるかについて以下に見ていく。

3.3.4.3 逆接用法，対比用法とコメント文・非コメント文との関わり

まず，逆接用法と対比用法が社説中のコメント文，非コメント文とどのように関わるかについて見る。次の例（29）〜例（32）のように，社説における逆接用法と対比用法はコメント文と非コメント文のどちらにも関わる。

(29) 省エネ法が改正され，地球温暖化対策推進法もできたが，あまり効果は期待できない。【逆接用法，コメント文】
　　　　　　　　　（毎日新聞　2000年11月4日「社説：温暖化防止」）
(30) 一貫してJRの法的責任を追及してきた国労にとっては，まず「屈服」を迫られるような案だが，執行部は「この機を逃せば解決は遠のく」と受け入れをはかった。【逆接用法，非コメント文】　　　（朝日新聞　2000年10月31日「社説：JR不採用」）
(31) 文部省は問題発覚と同時に調査を始めたが，外務省は国民に説明責任を果たしているとはいえない。【対比用法，コメント文】

(産経新聞　2000年10月31日「社説：教科書検定介入」)

(32) 国民一人あたりの米の年間消費量は十年前には七十キロ程度だった<u>が</u>，現在は六十キロちょっとまで落ち込んでいる。【対比用法，非コメント文】

(読売新聞　2000年11月4日「社説：コメ豊作」)

しかしながら，その関わり方には偏りがある。社説において逆接用法と対比用法がそれぞれどちらのタイプの文と関わっているかを調べたものが図4である。

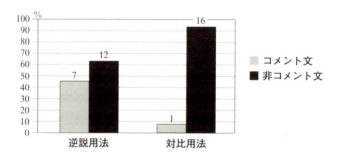

図4　逆接用法，対比用法とコメント文，非コメント文の関わり

図4からわかるように，逆接用法，対比用法ともに談話中で非コメント文と密接に関わっており，特に対比用法においてはその傾向が顕著である。では，何故このような傾向が生じるのであろうか。これは，逆接用法や対比用法の解釈過程と関わるものであると考えられる。

2.2.1.1と2.2.1.2で見たように，逆接用法や対比用法においては，聞き手が前件から呼び出す想定が後件によって棄却される。そのような場合に，上の例（29）や例（31）のように，書き手のコメントによって想定が棄却されれば，「何故，効果が期待できないのか」や「何故，説明責任を果たしていないといえるのか」など，自らが呼び出した想定が棄却されることへの疑問が読み手に生じると思われる。書き手と読み手の間に直接的なイ

ンタラクションが存在しない「社説」においては，そのように読み手が疑問を抱くのを防ぐために，例（30）や例（32）のように，客観的な出来事や事実によって聞き手に顕在化する想定を棄却するというかたちがとられることが多いと考えられる。

3.3.4.4　前置き用法，提題用法とコメント文・非コメント文との関わり

　次に，前置き用法と提題用法について見ると，例（33）〜例（36）のように，前置き用法と提題用法にも両方のタイプが見られる。

（33）こうした外交交渉では表に出せない部分も当然あるだろうが，これほど不透明な扱いでは国民の理解は得られまい。【前置き用法，コメント文】

　　　　　　　（産経新聞　2000年11月1日「社説：日朝交渉」）

（34）病気のため来日できなかったが，栃木県那須町には彫刻部門のニキ・ド・サン・ファール氏の作品二百点を収蔵するニキ美術館が設けられている。【前置き用法，非コメント文】

　　　　　　　（産経新聞　2000年10月27日「社説：世界文化賞」）

（35）宮沢喜一蔵相は「利子を払わない国債を出すつもりはない。国債は信用が大切だ」と言っているが，その通りだろう。【提題用法，コメント文】

　　　　　　　（朝日新聞　2000年11月9日「社説：無利子国債」）

（36）それを覆す決め手となったのは，群馬県・岩宿遺跡での約2万5000年前の地層からの旧石器の発見だが，その立役者は，行商のかたわら，努力でコツコツ勉強していた故相沢忠洋さんだった。【提題用法，非コメント文】

　　　　　　　（毎日新聞　2000年11月6日「社説：発掘ねつ造」）

　しかしながら，コメント文，非コメント文への関わり方にはそれぞれ特徴がある。いま，前置き用法と提題用法が社説中でどちらのタイプの文と

関わるかを調べたものが図5である。

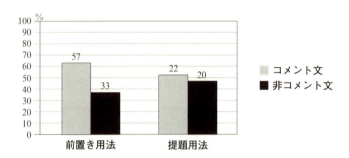

図5　前置き用法，提題用法とコメント文，非コメント文の関わり

　上の図5から，前置き用法や提題用法は社説中のコメント文，非コメント文への関わり方に関して，先の逆接用法や対比用法とは異なる特徴を持つことがわかる。

　まず，前置き用法は，逆接用法や対比用法とは対照的に社説中のコメント文と主に関わる。これは2.2.1.3で見たような前置き用法における「対立」関係の解消のされ方，すなわち，当該文脈で後件を述べた場合に顕在化するであろう想定が，前件によって抑制されるという特徴によるものであると考えられる。ここで，前置き用法とコメント文との関わり方について詳しく調べてみると，コメント文の前置き用法はそのほとんどが，上の例（33）のように，前件と後件の両方に書き手の意見や考えが述べてあるか，次の例（37）のように，後件のみに述べてあるかのいずれかであり，前件のみに書き手の意見や考えが述べてあるもの（→例（38））は57例中，2例のみであった。

（37）60キロ当たりの平均価格は，5年前の水準より約4000円も下がっている。食べる量自体が減ったのが主な原因だが，食管法の廃止で予想以上にコメ市場の自由化が進み，価格に影響がでていることも注目すべきだ。

（朝日新聞　2000年10月31日「社説：減反強化」）

（38）残念だが，フリーター予備軍は増え続ける傾向にある。

（産経新聞　2000年11月5日「社説：フリーター問題」）

　つまり，コメント文として用いられる前置き用法のほとんどが，当該文脈で書き手の意見や考えを述べた場合に顕在化するであろう想定が前件によって抑制されるというかたちになっているということである。先に述べたように，客観的な事実や出来事と異なり，書き手の意見や考えは，その判断基準や判断の正当性について読み手に疑問を生じさせる可能性がある。例えば，上の例（37）においては，当該文脈で後件のみが述べられれば，「価格が下がったことには食べる量が減ったことが関係するのではないか」という疑問を読み手が抱く可能性があるが，前件が提示されることによって，それが未然に防がれていると言える。このように，前置き用法がコメント文と主に関わるのは，自らの意見や考えを述べるに際して読み手に疑問を抱かせないように配慮しようとする書き手の意図によるものであると考えられる。

　次に，提題用法について見ると，上の図5からわかるように，提題用法はコメント文，非コメント文のどちらにも同程度に見られる。これも提題用法における接続関係の特徴と密接に関わるものであると考えられる。2.2.1.4で見たように，提題用法では先行文脈と当該発話との関係についての疑問が前件によって抑制される。そのように，これから述べようとすることと先行文脈との関係についての疑問は書き手が自らの意見や考えを述べようとする場合にも出来事や事実を述べようとする場合にも生じる可能性があるために，図5のような結果が得られたと考えられる。

3.4　本章のまとめ

　本章では談話の形成に時間的な制約が存在する「自由談話（話し言葉）」と表現や構成を推敲する時間がある「社説（書き言葉）」という二種類の談話のトピック展開に接続助詞ケドの各用法がそれぞれどのように関わる

かについて分析・考察を行った。その結果，両談話に共通して，逆接用法や対比用法はトピックの開始位置にはほとんど見られないことおよび前置き用法や提題用法はトピックの開始に関わることが明らかになった。これは前章で明らかにした次のような接続関係の特徴を反映した結果であると言える。

　　逆接用法・対比用法：前件の解釈時に呼び出し可能性が高められた想
　　　　定が後件で棄却される。
　　前置き用法・提題用法：後件から顕在化するであろう想定が前件に
　　　　よって抑制される。

　その一方で，自由談話では談話の開始部に逆接用法が見られないのに対して社説では見られる。また，自由談話ではトピックの終結位置に提題用法が見られないのに対して社説では見られるなど，各談話に特有の関わり方をするものがあることも明らかになった。そのような関わり方も，談話の性質に加えて，各用法の接続関係の特徴を反映したものであると考えられる。

　さらに，トピックを構成する要素との関わりについて，接続助詞ケドの各用法と社説を構成するコメント文，非コメント文との関わり方にはそれぞれ特徴があることが明らかになった。逆接用法や対比用法は非コメント文と，前置き用法はコメント文と主に関わる傾向があるが，提題用法はどちらのタイプの文ともひとしく関わる。そして，そのような関わり方の違いは，前章で見たような，前件と後件の間の「対立」関係がどのように解消されるか（「棄却」あるいは「抑制」）やその過程で排除される想定の種類の違いによって生じるものである。このように，接続助詞ケドの解釈過程と談話のトピック展開への関わり方は密接に関わると考えられる。

第4章 聞き手の言語的反応と接続助詞ケドの関わり

　前章においては談話のトピック展開および談話の構成要素という観点から，接続助詞ケドの解釈過程が談話展開にどのように反映されているかについて見たが，会話は話し手と聞き手の相互作用によって成り立つ。そこで本章では，接続助詞ケドの解釈過程の特徴が「聞き手の言語的反応」にどのように関わるかについて分析を行う。

　接続助詞ケドの逆接用法，対比用法，前置き用法，提題用法は従属節と主節によって構成されるが，このような構文的特徴を持つ複文の従属節末にはあいづちをはじめとする聞き手からの言語的反応が見られやすいことが指摘されている（水谷2001）。また，主節末は文（発話）の切れ目と重なるため，聞き手の言語的反応が生起しやすい場所であると考えられる。では，前件と後件でそれぞれ表される二つの命題が統合されていく際，従属節末における聞き手の言語的反応とそれらが統合された後の主節末における聞き手の言語的反応にはどのような違いが見られるのであろうか。以下においては，前章で用いた自由談話を分析資料として，接続助詞ケドの従属節末と主節末における聞き手の言語的反応について分析を行う。

4.1　発話に対する聞き手の反応

　会話における発話の聞き手は，話し手から与えられた情報を単に受け取っているのみではない。堀口（1997）が指摘するように，聞き手は相手の発話に対して様々な言語的・非言語的な反応を行っており，話し手の発話はそのような聞き手からの働きかけに支えられている。

　会話中の発話に対する聞き手の反応は非言語的なものと言語的なものと

に大別される。非言語的な反応には「うなずき」などの身体的反応や「笑い」がある（堀口1997）。言語的な反応に関して，杉戸（1987）によれば，会話における発話は「実質的な発話」と「あいづち的な発話」とに分類される。「実質的な発話」とは「なんらかの実質的な内容を表す言語形式を含み，判断，説明，質問，回答，要求など，事実の叙述や聞き手への働きかけをする発話」である。「あいづち的な発話」とはそのような働きかけがなく，応答詞や感動詞のように実質的な内容を表さない言語形式や繰り返しの発話などである（杉戸1987）。会話中の発話に対する聞き手の発話も，このいずれかに分類されると考えられる。後述するように，本章で分析する自由談話においても，そこで見られた聞き手の発話は実質的な発話とあいづち的な発話のいずれかに分類される。

　あいづち的な発話に関しては，そこで用いられる形式（水谷1984，小宮1986，陳2000など）や生起するタイミング（杉藤1993，水谷2001など）がこれまでに明らかにされている。また，その働きとしては，「聞いている，わかったということを示す（堀口1997）」ほか，相手の発話の促進（水谷1988）や会話におけるターンの交替（大浜2006）にも関わることが指摘されている。

　堀口（1988）は生起する位置によって，あいづち的な発話を二つに分類している。一つは「はい」，「えー」，「うん」などのように，句の切れ目であれば自由に打たれるものであり，もう一つは「そうですね」や「なるほど」などのように，情報が充足された時に打たれるものである。前者には「はい」，「はー」や「え」，「えー」といった話し手の感情を直接的に表す感声的表現（小宮1986）が用いられ，後者には「なるほど」や「ほんと」といった元来は概念を表す形式である概念的表現（小宮1986）および「そう」，「そうですか」などが用いられる。

　本章で分析を行う従属節末と主節末における聞き手の言語行動には情報の完結性・非完結性が関与すると考えられるため，このようにあいづちが生起する位置の自由度に注目してあいづち的な発話を分類し，前者を「自由型」，後者を「制約型」と呼ぶ。ただし，同じ「自由型」もしくは「制

約型」のあいづちであっても，形式の違いによって談話の中で果たす役割が異なるため，この点にも適宜言及しつつ考察を行う。

　これらの「自由型のあいづち」と「制約型のあいづち」に「繰り返しの発話」を加えたものを本章では堀口（1988）にもとづいて「あいづち詞」と呼ぶ。堀口（1988）で言われるところの「相づち詞」には，杉戸（1987）の「あいづち的発話」に含まれる「繰り返し」や「言い換え」は含まれていないが，本章においてはこれらも広義の「あいづち」として考える。その際，「言い換え」も発話内容としてはそれ以前の発話の繰り返しであると考え，「繰り返し」として一括して扱う。「繰り返し」は生起する位置の自由度は高いが，実質的な内容を表すという点で自由型のあいづちとは異なる。また，そこで表される内容はそれ以前の発話をなぞったものであり，判断や説明などといった聞き手に対する積極的な働きかけを有しない点で実質的発話とも異なる。なお，堀口（1997）における「先取り」型の発話も資料中に4例見られたが，本章においてはこれらを実質的発話に含めて考察を行う。

　以上のことをまとめると，会話中の発話に対する聞き手の反応は次のように分類される。

　　①非言語的反応
　　　a. 身体的反応
　　　b. 笑い
　　②言語的反応
　　　a. あいづち詞
　　　　1. 自由型
　　　　2. 制約型
　　　　3. 繰り返し
　　　b. 実質的発話

　本章では，このうちの②「言語的反応」に着目し，接続助詞ケドの解釈

過程との関わりを明らかにするが，同じく発話に対する反応であっても，
「a.あいづち詞」と「b.実質的発話」とでは当該発話との関係が異なる。
「あいづち詞」は当該発話に対する反応として用いられるものであるのに
対して，「実質的発話」は，当該発話とは無関係に，新たなトピックを導
入する際にも用いられる。このように，会話中の発話に対する言語的反応
には，当該発話との関わりを前提にするもの（「あいづち詞」）と必ずしも
前提にしないもの（「実質的発話」）とがある。本章においては，このうち
の「あいづち詞」を中心に，接続助詞ケドの解釈過程が聞き手の言語的反
応にどのように影響するかについて明らかにする。

　以下，4.2節においては，他の接続助詞と比較することで，接続助詞ケ
ドの従属節末と主節末に見られる聞き手の言語的反応の特徴について，永
田（2009）にもとづきつつ明らかにする。その後，4.3節においては，接
続助詞ケドの用法別に分析し，各用法の解釈過程との関わりについて，永
田（2010）にもとづきつつ明らかにする。

4.2　接続助詞ケドの従属節末と主節末における聞き手の言語的反応
　　　　―カラ，タラと比較して―

4.2.1　従属節末と主節末における聞き手の言語的反応の比較

　国立国語研究所（1951）および南（1974，1993）に挙げられている接続
助詞のうち，本談話資料中には15種類，合計689の接続助詞による複文発
話が見られた。具体的な形式および形式別の出現数について見る前に，従
属節末と主節末という文構造上の違いによる聞き手の言語的反応の差異に
ついて確認しておきたい。

　なお，前章で述べたように，接続助詞による複文発話は談話中で常に
［従属節＋主節］という形で現れるわけではない。発話の途中で聞き手に
ターンが奪われた結果，主節が見られない場合や［従属節＋従属節＋主節］
のように，文中に従属節が二つ以上含まれる場合も見られる。本章におい
ては，従属節末と主節末という環境に違いによる聞き手の言語的反応の異
同という観点から分析・考察を行うため，前章と同様に，談話中に見られ

た［従属節＋主節］という形をとる発話のみを分析対象とする。

4.2.1.1　従属節末と主節末における言語的反応の有無

まずは，従属節末と主節末における聞き手の言語的反応の有無について，その割合を示したものが図1である。図中の数字は従属節末と主節末のそれぞれにおける言語的反応の有無の数を表す。以下の図2〜7についても同様に，割合をグラフで表し，出現数を数字で示す。

なお，野口・片桐・伝（2000）や榎本（2007）が指摘するように，ある発話に対する聞き手の言語的反応は，発話が休止・終了する以前から生じる場合もあれば，発話が休止・終了後，間をおいて生じる場合もある。ただし，従属節末や発話末であることを予測させる接続助詞，助動詞，終助詞など（榎本2003）が聞き手に知覚されてから，それに対する反応が生起するまでには発話潜時があることをふまえると（藤原・正木1998参照），発話途中に見られる聞き手の反応に関しては，従属節末や主節末の各要素に対する反応であるかどうかを同定することが困難である。同じく，発話が休止・終了後，間をおいて生じる聞き手の反応に関しても，従属節末や主節末の各要素との関わりを同定することが困難である。そこで，本章では，野口・片桐・伝（2000）にもとづき，聞き手の反応が集中的に見られた従属節末および主節末後500msec以内に生じた言語的反応について分析する[9]。

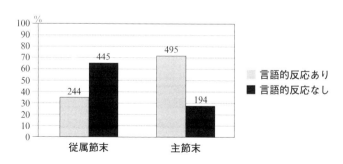

図1　従属節末と主節末における聞き手の言語的反応の有無

図1から，従属節末と主節末とで，聞き手の言語的反応の生起数に差があることがわかる。従属節末においては聞き手の言語的反応が見られないことが多いが，主節末においては何らかの言語的反応が生起することが多い。このような特徴は特定の話し手の使用傾向に起因するものではなく，いずれの会話参加者にも概ね同じ傾向が見られた。

　接続助詞は本来的な統語機能として，前件と後件とを前提としており，前件が接続助詞を伴って提示された場合に聞き手は，その後，後件が提示されることを期待（予測）すると考えられる。図1に見られるような従属節末における聞き手の言語的反応の少なさは，このような文構造上の特徴と関わるものであろう。

　また，そのように文構造上，従属節の後には主節が提示されることが期待（予測）されるために，そこで見られる言語的反応の種類に関しても，情報が充足された時に打たれる制約型のあいづちや実質的発話が生起したりすることは少ないと考えられる。以下においては，この点について，図1の「言語的反応あり」の部分に着目して考察を行う。

4.2.1.2　従属節末と主節末における言語的反応の種類

　先に見た図1の「言語的反応あり」の部分について，その内訳を示したものが次の図2である。なお，談話中には「あー，そうですよね」や「へー，いつですか？口頭試問」のように，自由型のあいづちと制約型のあいづちもしくは実質的発話が組み合わされたものも見られた。これらの発話は，生起位置の自由度に関して言えば，後部要素の特徴を有していると考えられるため，それぞれ「制約型」，「実質的発話」として扱う。

9）認定に際しては，録音されたデータを電子化したものを，音声分析ソフト（「SUGI Speech Analyzer」，杉藤美代子監修・著，ANIMO）を用いて分析した。

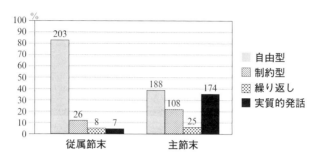

図2 従属節末と主節末における聞き手の言語的反応の種類および出現数

　図2から，従属節末と主節末とで，聞き手の言語的反応の種類に差があることがわかる。従属節末ではあいづち詞，特に自由型のあいづちが多く見られるのに対して，主節末では自由型のあいづちと実質的発話が多く見られる。図1で見たように，従属節末では主節末に比べて聞き手からの言語的反応が少ないが，そこで見られる言語的反応のほとんどが自由型のあいづちであり，情報が充足された時に打たれる制約型のあいづちや実質的発話はあまり見られない。これは，前件の命題のみでは情報として充足されないという聞き手の認識を表すものであろう。自由型のあいづちによる聞き手からの働きかけは，その後の相手の発話を促すことにつながると考えられるが，同じく自由型のあいづちであっても，形式によって談話中での働きが異なるため，その内訳について4.2.1.3で検討する。
　ここで，従属節末と同様，談話中であいづち的発話が生起しやすい環境である間投助詞（メイナード1987）ネの後に見られる言語的反応について調べてみる。本談話資料中には256の間投助詞ネが見られたが，そこでは51の聞き手の言語的反応が見られた[10]。その内訳は図3の通りである。

10）談話中には，ケドネやタラネなど接続助詞とともに間投助詞ネが用いられたものが76例見られたが，分析に際して，これらは接続助詞と間投助詞のいずれからも除外した。

なお，間投助詞は文中や文末など，文の各種成分に自由に付くことが出来るが（梅原1989），ここでは文の途中に見られたもののみを扱う。また，聞き手からの言語的反応の認定に際しては，先に述べた従属節末，主節末と同様の基準で行った。

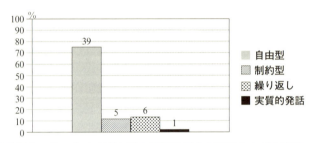

図3　間投助詞ネの後における聞き手の言語的反応の種類および出現数

図3を見ると，間投助詞ネの後には自由型のあいづちが多いことがわかる。この点については先に見た従属節末と同様である。間投助詞ネの後も統語的には不完全であり，それのみでは聞き手にとって情報が充足されないために，制約型のあいづちがあまり見られないのであろう。このように，間投助詞ネの後に見られる聞き手の言語的反応の種類に関しては，従属節末と同じ傾向が見られる。

ここで，聞き手の言語的反応が生起する割合に着目すると，従属節末では図1で見たように689の従属節末に対して244（35.4％）の言語的反応が見られた。一方，間投助詞ネの後では256の間投助詞ネに対して51（19.9％）と低いことがわかる。これは従属節が様々な性格を持つ接続助詞によって構築されていることと関係すると考えられるが，この点については4.2.2において接続助詞別に考察を行う。

4.2.1.3　従属節末と主節末における自由型あいづちの比較

先に見た図2から，従属節末，主節末ともに自由型のあいづちの出現率が最も高いことがわかる。以下においてはこの自由型のあいづちに着目し

て，あいづちの種類と形式という観点から，両者の違いについて分析する。

　先に述べたように，自由型のあいづちは句の切れ目であれば自由に打たれるが，そこには様々な形式が見られ，それぞれの形式に応じた働きを会話の中で果たしている。従属節末と主節末に見られた自由型のあいづちのうち，出現数が上位の5語は以下の通りである。なお，同じ形式であっても，イントネーションの違いによって，談話中で果たす役割は異なると考えられる。そこで本章では，松田（1988）にもとづき，上昇調，下降調，平板調の3種を区別し，それぞれ［↑］，［↓］，［→］で表記する。また，（　）内の数字は従属節末と主節末にそれぞれ見られた自由型のあいづちの総数に占める各形式の割合を表す。

　　従属節末（203例中）：①うん［↓］（42.4%），②あー［↓］（20.7%），
　　　　③えー［↓］（6.4%），④はい［↓］（5.9%），④へー［→］（5.9%）
　　主節末（188例中）　：①あー［↓］（27.1%），②うん［↓］（21.8%），
　　　　③へー［→］（9.6%），④うーん［↓］（6.4%），⑤えー［↓］（5.3%），
　　　　⑤うんうん［↓］（5.3%）

　ここから，従属節末と主節末に見られた自由型のあいづちには違いがあることがわかる。従属節末と主節末のいずれにおいても「うん［↓］」と「あー［↓］」が上位2語を占めるという点は共通するが，その出現割合は異なり，従属節末では「うん［↓］」の出現する割合が最も高い。松田（1988）によれば，「うん［↓］」は「聞いていることを伝える」，「話についていっていることを伝える」という働きを持つ[11]。同様の働きを持つ「はい［↓］」も従属節末にのみ見られる。一方，主節末においては「理解したことを伝える」働きをする「あー［↓］」の出現割合が最も高い。

11）表記に関して，松田（1988）では「ン」と「ウン」が区別されるが，談話中で両者を厳密に区別することは難しいため，本章では一括して「うん」と表記する。

また，主節末にのみ見られる「うーん［↓］」は「曖昧な同意」や「否定的な気持ちや疑い」を表すが（松田 1988），そのためには情報の理解が前提とされる。このように，従属節末と主節末に見られた自由型のあいづちには，種類および機能面において違いが見られる。

　また，同じ種類のあいづちが用いられていても，「単独型−反復型」という形式的な違いが見られる場合もある。談話資料中に見られた自由型のあいづちには「うん［↓］」のように単独型で用いられるものもあれば，「うんうん［↓］」のように反復型で用いられるものもある。このような観点から，従属節末と主節末に見られた自由型のあいづちを比較すると，従属節末においては23種類のあいづちが見られたが，そのうちの11種類（47.8%）が単独型であり，12種類（52.2%）が反復型であった。一方，主節末には32種類のあいづちが見られたが，そのうちの13種類（40.6%）が単独型のあいづちであり，19種類（59.4%）が反復型のあいづちであった。出現数に関しても，従属節末においては単独型が169（83.3%），反復型が34（16.7%）見られたが，主節末においては単独型が140（74.5%），反復型が48（25.5%）であった。

　このように，「単独型−反復型」という観点で従属節末と主節末の自由型のあいづちを分析した結果，主節末の方が多くの種類の反復型あいづちが多数見られる傾向があることがわかった。反復型のあいづちは単独型のあいづちに比べて，理解や共感を表す度合いが強いと考えられるが，このようなあいづちが従属節末よりも主節末に多く見られるということは，先に述べた情報の充足性に加えて，従属節と主節の二つの命題間に存在する「従−主」という情報的な価値関係が聞き手に認識されていることを示すものであろう。

　以上見てきたように，従属節末と主節末のそれぞれに見られる聞き手の言語的反応の有無および反応の形式は「複文」という文構造上の特徴を反映していると考えられる。

140

4.2.2 接続助詞別の比較

これまでは従属節末と主節末における聞き手の言語的反応について，全体的な特徴を明らかにしたが，以下においては個々の形式に注目して，その特徴を具体的に見ていく。先に述べたように，今回の談話資料中には15種類，合計689の接続助詞による複文発話が見られた。その種類および出現数の内訳は以下の通りである。なお，（　）内の数字は出現数を表す。

> ケド（218），タラ（158），カラ（120），テ（35），ノデ（34），バ（29），
> ト（28），テモ（27），ナガラ（11），シ（10），ニ（8），ノニ（7），
> モノノ（2），ナラ（1），タッテ（1）

このように，談話中に見られる接続助詞の出現数には偏りが見られ，接続助詞ケドが最も多い。そこで，以下においては本書の研究対象である接続助詞ケドについて，同じく談話中に多く見られたタラ，カラという接続助詞と比較しつつ考察を行い，他の形式についても適宜言及する。なお，先に見たように，従属節末と主節末とでは聞き手の言語的反応に違いが存在するため，以下においては従属節末と主節末というそれぞれの観点から，各形式の特徴について考えることにする。

4.2.2.1 従属節末における言語的反応の比較

まず，ケド，タラ，カラのそれぞれの従属節末における，聞き手の言語的反応の有無についてまとめたものが図4である。

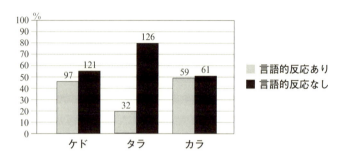

図4 従属節末における聞き手の言語的反応の有無（3形式）

　図4を見ると，ケドやカラと異なり，タラによる従属節末においては聞き手の言語的反応が顕著に少ないことがわかる。また，後述するように，ケドやカラの従属節末に見られた言語的反応の大半は自由型のあいづちであった。水谷（2001）では，ケドやカラの従属節末にはあいづちが見られやすいと指摘されるが，上記の結果はこのような指摘を支持するものである。ただし，そこに見られるあいづちの種類や何故，それらの接続助詞の後にあいづちが見られやすいかについては水谷（2001）では触れられていない。以下においてはこの点について考察を行う。
　ここで，それぞれの具体例を挙げると，ケドやカラの従属節末においては，例（1）や例（2）のような聞き手からのあいづち的発話が半数近くに見られたのに対して，タラの従属節末においては，例（3）のように，聞き手の言語的反応が見られないものが多く見られた。なお，本章で挙げる例はすべて3.2節で分析資料とした自由談話において見られたものである。

　（1）〈大学院生活についての話題〉
　　　A：大学院ですか，楽しいですよ。
　　　B：あー。
　　　A：うん。

B：いいことです。

　　A：うん。大変ですよね，でも。

　　B：大変。学部ん時にさぼってたっていうのもあるんですけど
　　　｜うーん｜，ちょっと大変に感じますね，今は。

　　A：えー，（専門が）歴史とかだったら結構大変なんじゃないで
　　　すか？

（2）〈帰国児童に対する支援についての話題〉

　　A：日本に帰ってくると ｜うん｜，えーと，公立の学校に行きま
　　　すよね ｜うんうん｜，今だと普通に。

　　B：うん。

　　A：でも普通の公立の学校にそういう体制が整って，整ってる
　　　とは言えないから ｜あー｜，問題なんで ｜あーそうやね｜ しょ
　　　うね。

（3）〈結婚の年齢についての話題〉

　　A：大学行ってない友達とかは（結婚するのが）早かったりする
　　　んですよ。

　　B：うんうん。

　　A：どうみても大学院行ったら（結婚する年齢が）30（歳）ぐら
　　　いなるんかなとか思ったりしますよね。

　　B：うーん，思いますよね，やっぱり。

　このように，同じ従属節末であっても，接続助詞の種類によって聞き手
の言語的反応の有無に違いが見られる。では，この違いは何に起因する
ものであろうか。ここで，タラとカラ・ケドを区別するものとして，南
（1974，1993）が指摘する「文の階層構造」という観点から考えてみたい。
　南（1974，1993）は従属句[12]について構成要素の観点から分類を行い，
従属句をA類，B類，C類の3種類に分類している。A類の従属句は内部

第4章　聞き手の言語的反応と接続助詞ケドの関わり　143

に現れる要素が最も限定されており，C類の従属句はその制約が最も緩い。例えば，A類の従属句である「ツツ」は主格の格助詞や「〜ナイ」，「〜マス」などを句の中に含むことが出来ないが，B類の従属句である「ノニ」はこれらの要素を含むことが出来る。ただし，B類の従属句には提題助詞や「ダロウ」といったモダリティ要素は含まれない。これに対して，C類の従属句はこれらの要素およびA類，B類に含まれるすべての要素を含むことが出来る。このように，構成要素の制約が最も緩いC類の従属句は，主節への従属度が最も低く，「もっともふつうの文に近い」とされる。また，このような従属度の違いから，C類の従属節は談話内で独立して終助詞的に用いられることも多い。

　南（1974，1993）によれば，タラはB類の従属句に分類され，ケドとカラはC類の従属句に分類されるが，図4に見られる結果はこのような従属句の特徴を反映したものであると考えられる。すなわち，主節への従属度が高いB類の従属句に比べて，主節への従属度が低いケドやカラの場合には，あいづちという言語的手段によって，自らはターンを取る意思がないことを明示したり（Schegloff 1982），相手からの発話を促したりする（水谷1988）必要性が高いと考えられる。

　ここで，参考までに，談話中に見られた他の接続助詞について見ると，A類の接続助詞である「ナガラ（継続）」と「テ①」[13]のいずれの従属節末においても聞き手からの言語的反応があまり見られないことがわかった。「言語的反応あり」の割合はそれぞれ27.3%（11例中3例）と0%（2例中0例）であった。

　また，B類の接続助詞のうち，「ノデ」，「テ③」以外の接続助詞の従属

12）南（1974，1993）の「従属句」には，本章で扱う接続助詞のほかにも，用言の連用形や形式名詞で終わるものも含まれる。

13）南（1974，1993）によれば，接続助詞テは従属句の構成要素によって①〜④に分類される。なお，テ②とテ③はともにB類の接続助詞として同じ構成要素をとることができるが，「理由・原因」を表すか「継起的または並列的な動作・状態」を表すかによって両者は区別される。

節末においても，聞き手からの言語的反応があまり見られないことがわかった。それぞれの従属節末における「言語的反応あり」の割合は，「テ②」（21例中4例，19%），「バ」（29例中5例，17.2%），「ト」（28例中3例，10.7%），「テモ」（27例中3例，11.1%），「ニ」（8例中0例，0%），「ノニ」（7例中1例，14.3%），「モノノ」（2例中0例，0%），「ナラ」（1例中0例，0%），「タッテ」（1例中0例，0%）である。なお，「ノデ」に関しては「言語的反応あり」の割合が55.9%（34例中19例），「テ③」に関しては60%（10例中6例）であった。

これに対して，C類に分類される「シ」と「テ④」の従属節末には，ほとんどの場合において，聞き手からの言語的反応が見られた。「言語的反応あり」の割合はそれぞれ90%（10例中9例）と100%（2例中2例）であった。発話が継続するか否かという判断には文脈的要因も関わるため，出現数が少なかった各類の他の接続助詞とともに今後さらに検討する必要があるが，上記の結果をふまえると，言語的反応の生起に関して，C類とA類，B類との間には異なる傾向があると考えられる。

日本語の接続助詞が談話中でターンの継続や終結に関わる働きをすることはTanaka（1999）においても指摘されているが，そこには，主節に対する従属度の違いという発話の構文的特徴が密接に関わることが上記の結果から示唆される。4.2.1.2において，統語的には同じく不完全な環境でありながら，間投助詞ネの後よりも従属節末の方が，発話を促す聞き手の言語的反応が生起する割合が高いことを見たが，これは上に見たようなC類の接続助詞によって構築される従属節が含まれるためであると考えられる。

これまでは文の階層構造と聞き手の言語的反応の有無との関係について明らかにしたが，次に，言語的反応の種類およびあいづちの形式の側面から考えてみたい。ケド，タラ，カラの従属節末における聞き手の言語的反応の種類および出現数をまとめたものが図5である。

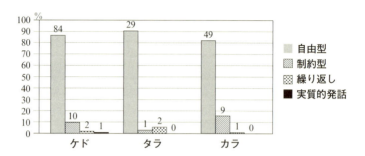

図5 従属節末における聞き手の言語的反応の種類および出現数（3形式）

図5から，3形式に共通して自由型のあいづちが高い割合で出現することがわかる。ただし，そこに見られる自由型のあいづちの形式を見ると，違いが認められる。ケド，タラ，カラの従属節末に見られた自由型のあいづちの上位5語およびそれぞれに見られた自由型のあいづちの総数に占める割合は以下の通りである。

　　ケド（84例中）：①うん［↓］（39.3%），②あー［↓］（13.1%），③へー［→］（7.1%），④はー［↓］（6.0%），④はい［↓］（6.0%）
　　タラ（29例中）：①うん［↓］（41.4%），②あー［↓］（20.7%），③はい［↓］（13.8%），④えー［↓］（6.9%），④え［↓］（6.9%）
　　カラ（49例中）：①うん［↓］（36.7%），②あー［↓］（20.4%），③えー［↓］（6.1%），③へー［→］（6.1%），③うんうん［↓］（6.1%）

これを見ると，ケド，タラ，カラの3形式に共通して，それぞれの従属節末には「話についていっている」あるいは「理解している」ことを表す「うん［↓］」,「あー［↓］」という形式が高い割合で見られることがわかる。この点で大きな違いは見られないが，その他のあいづちに目を向けると，ケドやカラの従属節末には理解を表す「へー［→］」や「はー［↓］」が見られるほか,「うんうん［↓］」のような反復型のあいづちが見られるなど，

理解や共感を表す度合いが強いあいづちが用いられる傾向がある。一方，タラの従属節末においては，「はい［↓］」のように「聞いている」，「話についていっている」ことを表すあいづちの割合がケドやカラよりも高い。

　次に，自由型のあいづちについて，「単独型－反復型」という形式的な側面から見てみる。出現数を見ると，ケドの従属節末においては84例中の18例（21.4%）が反復型のあいづちであり，カラの従属節末においては49例中の8例（16.3%）が反復型のあいづちであった。一方，タラの従属節末においては反復型あいづちの出現数が少なくなる傾向が見られ，タラの従属節末に見られた29例の自由型のあいづちのうち，3例（10.3%）が反復型のあいづちであった。

　また，種類の面に関しても同様の傾向が見られた。ケドの従属節末に見られた18種類の自由型のあいづちのうち，9種類（50.0%）が反復型のあいづちであった。カラの従属節末においては12種類の自由型のあいづちが見られたが，そのうちの5種類（41.7%）が反復型のあいづちであった。これに対して，タラの従属節末においては自由型のあいづちに占める反復型あいづちの割合が低くなる傾向が見られ，タラの従属節末に見られた8種類の自由型のあいづちのうち，反復型は3種類（37.5%）であった。このように「単独型－反復型」という形式的な側面においても，タラに比べてケドやカラの従属節末においては反復型のあいづちが多く見られる傾向があることがわかった。

　南（1993）では，文は「描叙」，「判断」，「提出」，「表出」の四つの段階から成り，A類の従属句は「描叙」，B類の従属句は「判断」，C類の従属句は「提出」の各段階に関わるとされる。南（1993）によれば，描叙段階で描かれた「ものごと」が判断段階において，「肯定／否定」や「とりたて」など，様々な限定を受け，提出段階で提示される。このような指摘をふまえれば，文が構成される途中の段階に相当するA類やB類の従属句に比べて，C類の従属句は情報としての完結度が高いと考えられる。上に見たように，B類のタラに比べて，C類のケドやカラの従属節末には理解を示すあいづちや主節末に見られる反復型のあいづちが多く見られる傾向がある

が，このような違いは，C類の従属節の情報としての完結度の高さとあいづち形式が関連することを示すものであろう。

　以上見てきたように，B類のタラによって構成される従属節末に比べて，C類のケドやカラによって構成される従属節末においては多くのあいづちが見られ，その種類も異なる。他のB類，C類の接続助詞にも同様の傾向が見られるが，このような違いにはC類の従属節が持つ情報の完結性という構文的な特徴が関わると考えられる。

4.2.2.2　主節末における言語的反応の比較

　次に，ケド，タラ，カラの3形式によって構築される複文の主節末における聞き手の言語的反応の有無を調べたものが図6である。なお，これらの主節末と比較するために，複文以外の発話末[14]について調べた結果もあわせて示す。

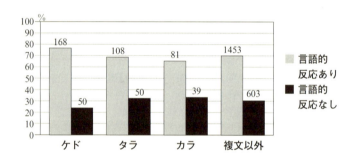

図6　主節末における聞き手からの言語的反応の有無
（3形式の主節末と複文以外の発話末）

　図6を見ると，先に見た従属節末とは異なり，主節末においては「タラ（B類）－ケド・カラ（C類）」といった従属節の類型による違いは見られ

---

14)「複文以外の発話」とは，本章で分析対象とする接続助詞および間投助詞ネを含む発話を除くものである。

ないことがわかる。また，複文以外の発話末の反応と比べても違いが見られないことから，主節末における聞き手の言語的反応の有無は「複文」という文の形や従属節の類型とは関係しないと言える。

では，そこに見られる言語的反応に関してはどうであろうか。ケド，タラ，カラの主節末および複文以外の発話末における聞き手の言語的反応の種類および出現数を調べたものが図7である。

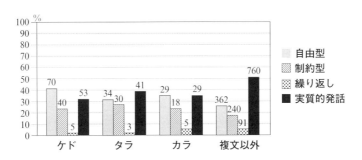

図7　主節末における聞き手の言語的反応の種類および出現数
（3形式の主節末と複文以外の発話末）

図7が示すように，言語的反応の種類および出現数に関しても「タラ（B類）－ケド・カラ（C類）」といった従属節の類型による違いは見られないが，3形式の主節末と複文以外の発話末とでは違いが見られることがわかる。具体的には，複文以外の発話末に比べて3形式の主節末には自由型のあいづちが多く見られる。ここから，「複文」という形によって伝達される情報が談話の中で特定の役割を果たしていることが予想されるが，この点については今後さらに分析を行う必要がある。

では，3形式の主節末に見られる言語的反応の具体的な形式に関してはどうであろうか。3形式ともに出現頻度が高い自由型のあいづちについて，出現頻度が高かったものを挙げると次のようになる。なお，（　）内の数字はそれぞれの主節末に見られた自由型のあいづちの総数に占める各形式の割合を表す。

ケド（70例中）：①あー［↓］（31.4%），②うん［↓］（15.7%），③へー
　　　　［→］（10.0%），④うんうん［↓］（7.1%），⑤ふーん［→］（5.7%），
　　　　⑤えー［↓］（5.7%），⑤はー［↓］（5.7%）
　　タラ（34例中）：①うん［↓］（29.4%），②あー［↓］（20.6%），③へー
　　　　［→］（8.8%），③うんうん［↓］（8.8%），⑤ふーん［→］（8.8%）
　　カラ（29例中）：①うん［↓］（24.1%），①あー［↓］（24.1%），③うー
　　　　ん［↓］（13.8%），③えー［↓］（13.8%），⑤へー［→］（6.9%）

　これを見ると，出現頻度の高い自由型のあいづちの形式に関して，ケド
は同じC類のカラよりもB類のタラとの間に共通点が多い。ただし，上位
2語を占める「うん［↓］」と「あー［↓］」の割合に関して両者は異なる。
このように，自由型のあいづちの形式的側面に関しても，「タラ（B類）
－ケド・カラ（C類）」といった従属節の類型による違いは見られない。
　本節においては，談話中の複文発話に対する聞き手の言語的反応に着目
することで，発話の構文的特徴と聞き手の言語的反応が密接に関わってい
ることを明らかにした。先に述べたように，会話における話し手の発話は
聞き手からの働きかけに支えられている（堀口1997）。本節で明らかにし
たように，複文発話に対しては，従属節末と主節末という違いや従属度の
違いに応じて，（反応の有無も含めた）様々な聞き手の反応が見られる。特
に，あいづちに関しては，文の構文的特徴に応じた使用が見られた。ここ
から，聞き手は複文発話を解釈するに際して，情報の充足・未充足やター
ン取得の意思の有無などを「あいづち」という言語的手段で話し手に伝達
していると考えられる。また，話し手もそのような聞き手からの働きかけ
によって自らの発話を行っているとすれば，談話における複文発話は話し
手によって一方的に産出されるのではなく，構文的特徴にもとづいた話し
手と聞き手の相互作用の中で成立していると言えよう。
　本書で対象とする接続助詞ケドの従属節末に関しては，同じくC類の構
文的特徴を持つカラの従属節末における言語的反応と類似の特徴が見られ

ることが明らかになった。次節においては接続助詞ケドの用法別に考察を行う。

4.3 接続助詞ケドの発話解釈過程と聞き手の言語的反応との関わり

これまでは他の接続助詞と比較することで，接続助詞ケドの従属節末と主節末に見られる聞き手の言語的反応の特徴について考えてきた。本節においては，接続助詞ケドに焦点を当て，用法別に分析を行う。なお，従属節末と主節末に着目して分析を行うため，本節では前節同様，［ＡケドＢ］という形を持つ逆接用法，対比用法，前置き用法，提題用法について分析を行う。

4.3.1 接続助詞ケドの各用法の従属節末における聞き手の反応
4.3.1.1 言語的反応の有無

接続助詞ケドの逆接用法，対比用法，前置き用法，提題用法のそれぞれの従属節末における聞き手の言語的反応の有無についてまとめたものが図8である。なお，本節および次節における言語的反応の認定基準に関しては前節と同様である。

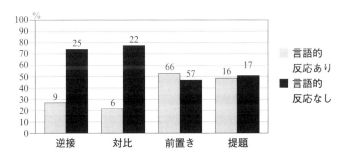

図8　言語的反応の有無（4用法の従属節末）

図8から，従属節末における言語的反応の有無に関して，用法間で違いが見られることがわかる。逆接用法や対比用法の従属節末では聞き手の言

語的反応が見られないことが多いのに対して，前置き用法や提題用法の従属節末では聞き手からの言語的反応が生起する割合が高い。

　逆接用法や対比用法の解釈過程では，後件で棄却される想定が前件の解釈時に顕在化するのに対して，前置き用法や提題用法では，ケドによって示される「対立」の関係がどのように実現されるかは後件の出現を待たなければならない。図8に見られるような聞き手の言語的反応数の違いはこのような解釈過程の違いを反映したものであると考えられる。以下に見るように，図8における言語的反応の大半はあいづちであるが，水谷（1988）が指摘するように，あいづちには相手からのその後の発話を促す働きがある。前置き用法や提題用法の従属節末に「あいづち」という言語的反応が多く見られるのは，ケドによって示される「対立」の関係がどのような想定間で実現するかが不明瞭な状況にあって，後件の発話を明示的に求めることで，それを追求しようとする聞き手の態度の表れであると言えよう。

4.3.1.2　言語的反応の種類

　先に見た図8の「言語的反応あり」の部分について，その内訳を示したものが次の図9である。

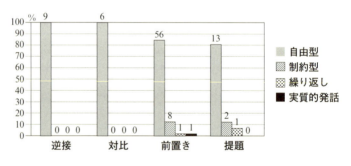

図9　言語的反応の種類（4用法の従属節末）

　図9を見ると，自由型のあいづちが極めて多いという点で四つの用法は共通している。ただし，前置き用法と提題用法においては，自由型のあい

づちに加えて制約型のあいづちも見られる。これは第2章で見たように，これらの用法が挿入用法や終助詞的用法といった独立性の高い用法と連続的な関係にあることと関わると思われるが，用例数が少ないため，この点については今後さらにデータを追加して考える必要がある。

　以下においては，四つの用法ともに最も多く見られた自由型のあいづちについて，形式的な側面から分析を行う。各用法の従属節末に見られた自由型のあいづちの種類と出現数についてまとめたものが次の表1である。

表1　用法別に見た自由型のあいづちの種類（従属節末）

逆接（9例）	対比（6例）	前置き（56例）	提題（13例）
うん（5例）	うん（4例）	うん（21例）	うん（3例）
あー（3例）	あー（1例）	あー（6例）	はいはいはい（2例）
えー（1例）	うんうん（1例）	はい（5例）	あー（1例）
		へー（5例）	えー（1例）
		はー（4例）	はー（1例）
		あーあー（3例）	へー（1例）
		あ（1例）	えーえー（1例）
		うーん（1例）	はいはい（1例）
		ほー（1例）	あーあーあー（1例）
		はーはー（1例）	うんうんうん（1例）
		はいはい（1例）	
		ほーほー（1例）	
		うんうんうん（1例）	

　表1から，従属節末に見られる自由型のあいづちの種類に関しては，用法間で違いが見られることがわかる。逆接用法や対比用法では特定の形式に偏る傾向があるのに対して，前置き用法や提題用法では多様な形式のあいづちが見られる。その中でも注目すべきは，「はいはい」や「あーあー」のように，同一の形式を繰り返す反復型のあいづちが多く見られることであろう。

　反復型のあいづちは，単独型のあいづちに比べて，理解や共感を表す度

第4章　聞き手の言語的反応と接続助詞ケドの関わり　153

合いが強いと考えられるが，このようなあいづちが多く見られることもこれらの用法の解釈過程と密接に関わると考えられる。先にも述べたように，前置き用法や提題用法における前件は，後件から顕在化するであろう想定を抑制する働きをするが，そこで抑制される想定は話し手にとって顕在化することが望ましくないものである。そのような想定を抑制するための前件の解釈が確実に行われたことが反復型のあいづちで示されることで，話し手は後件の発話へと円滑に移行することができると考えられる。また，このような特徴は単独型のあいづちにも見られる。前置き用法や提題用法のどちらにも「へー」という形式が見られるが，このようなあいづちは相手の発話に対する興味・関心を示す働きをする（松田1988）。これも興味・関心を示すことでさらなる後件の発話を促し，ケドによって表される「対立」の関係を追求しようとする聞き手の言語行動であると言えよう。

　このように，前置き用法や提題用法の従属節末に特徴的に見られる反復型のあいづちはこれらの用法の解釈過程と密接に関わり，前件に対して強い理解や共感を示すことで，後件の発話を促し，「対立」の関係の追求に貢献すると考えられる。

4.3.2　接続助詞ケドの各用法の主節末における聞き手の反応

　次に，主節末における聞き手の反応について見る。逆接用法，対比用法，前置き用法，提題用法のそれぞれの主節末における聞き手の言語的反応の有無について調べたものが図10である。

154

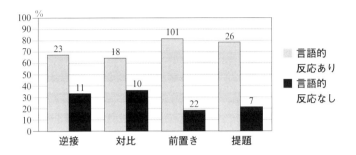

図10　言語的反応の有無（4用法の主節末）

　図10から，いずれの用法とも言語的反応が多く見られることがわかる。この点で，図8で見た従属節末とは異なる。図10の「言語的反応あり」の部分について，用法別にその内訳を示したものが図11である。

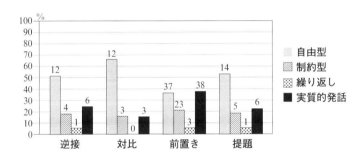

図11　言語的反応の種類（4用法の主節末）

　図11からわかるように，いずれの用法においても自由型のあいづちが最も多く見られる。この点で先に見た従属節末と同様であるが，図9と比べると，制約型のあいづちと実質的発話が顕著に増加していることがわかる。これは，用法に関わらず，主節末において「対立」の関係が成立し，情報が充足されることによるものであろう。
　ここで，すべての用法で最も多くの言語的反応が見られた自由型のあい

づちについて，その内訳を示したものが次の表2である。

表2　用法別に見た自由型のあいづちの種類と出現数（主節末）

逆接（12例）	対比（12例）	前置き（37例）	提題（14例）
うん（3例）	あー（2例）	あー（12例）	うん（4例）
あー（2例）	はい（2例）	うん（4例）	あー（3例）
はー（2例）	へー（2例）	えー（4例）	はー（2例）
ふーん（2例）	うん（1例）	へー（3例）	へー（2例）
ほー（2例）	ふん（1例）	はい（1例）	うーん（1例）
はいはい（1例）	ふーん（1例）	ふーん（1例）	ほー（1例）
	あーあー（3例）	うんうん（5例）	はいはいはいはい（1例）
		あーあー（1例）	
		はいはい（1例）	
		うんうんうん（1例）	
		はーはーはー（1例）	
		うんうんうんうん（1例）	
		はーはーはーはー（1例）	
		はいはいはいはい（1例）	

　表2を見ると，主節末に見られる自由型のあいづちの種類は四つの用法間で一様ではないことがわかる。特に，前置き用法の主節末には多様なあいづちが見られ，その中でも，反復型のあいづちが特徴的に見られる。先に見たように，従属節末においては提題用法においてもこのような特徴が見られたが，主節末においては同じ解釈過程を持つ前置き用法と提題用法の間に違いが見られる。以下に，この点について考えてみたい。

　前章においてはトピックの展開構造における出現位置という観点から見たが，そこでの現れ方を直前の発話に着目してさらに分析すると，トピックの展開構造中で接続助詞ケドの各用法が生起する環境は次の二つに大別される。一つ目は相手からトピックが指定された環境に生起する場合であり，もう一つはそのような指定が無い環境に生起する場合である。次の例（4）は前者の「指定あり」の例であり，例（5）は後者の「指定なし」の例である。

（4）〈調査者Xとの関係についての話題〉

　　A：Xさんとどういう知り合いなんですか？

　　B：あの，彼，俺の1つ上なんだけど，俺の仲いい先輩と同じ
　　　　バイトで。

　　A：はーはーはー。

　　B：そんな感じ。

　　A：○○（Bの所属先）の方ですよね？

（5）〈修士論文の進捗状況についての話題〉

　　A：えーと，今日，実は構想発表の時間だったにもかかわらず，
　　　　実は構想が出せずに，ただの発表に終わったという。

　　B：うーん，私も，なんか夏に，夏休み中に1回と11月に1回，
　　　　発表があったんですけど，1回目と2回目，もう全然違うん
　　　　ですよ。で，2回目と3回目はそろえたんですけど，新たな
　　　　問題が出てきて，もうどうしようって。

　　A：いや，でもそうなるよねー，もう。

　　B：もうゼミ発表の名前消そうかなとか思ってるぐらい。

　例（4）では，Aの最初の発話（下線部）によって，「質問」というかた
ちでBが次に行う発話の内容（「Xとの関係」）について指定されている。
一方，例（5）ではBの発話の内容は直前のAの発話によって特に指定さ
れてはいない。このように，当該発話とトピックとの関係に関して，接続
助詞ケドの各用法が見られる環境には2種類のものがあるが，各用法がこ
れら二つの環境のいずれに見られるかを調べたものが次の図12である。

第4章　聞き手の言語的反応と接続助詞ケドの関わり　157

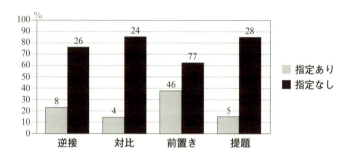

図12 各用法の発話が見られる環境

　図12から,それぞれの環境における各用法の現れ方には違いが見られることがわかる。特に,前置き用法と提題用法に関しては同じ解釈過程をもちながら,談話中でのトピック展開に関する働きが異なることがここから示唆される。前章で見たように,前置き用法と提題用法はどちらもトピックの開始とトピックの展開に関わり,類似の働きをする。上に見た例(4)と例(5)はいずれも両用法が多く見られたトピックの展開に関わる部分に見られた例であるが,当該発話が生起する環境に着目すると,そこでの働きは異なることがわかる。
　これらの用法がトピック内で用いられる時,前置き用法は例(4)のように相手主導でトピックが展開されていく中で情報を提供する場合にも用いられるのに対して,提題用法は主として例(5)のように,先行するトピックを自ら引き継いで展開させていく際に用いられる傾向がある。第2章で見たように,提題用法では直前の話題と後件とのトピックの関連性に関する疑問の顕在化が抑制されるが,自らがトピックを展開させていく場合には,特にそのような配慮が必要とされるのであろう。
　表2で見たように,前置き用法の主節末では反復型のあいづちが多く見られるが,これも上に述べたような前置き用法のトピック展開への関わり方を反映したものであろう。例(4)では,「Xさんとどういう知り合いなんですか？」というAの質問に対してBが前置き用法を用いて答えてい

るが，その主節末において，Aは「はーはーはー」という反復型のあいづちを用いている。このように，自らが情報を求めてトピックとして指定した事柄について，相手から新たな情報が得られたことに対する反応の表れとして，前置き用法の主節末では反復型のあいづちが見られると考えられる。

以上見てきたように，発話の解釈過程は同じであっても，どのような想定が抑制されるかという違いによって，前置き用法と提題用法は談話展開に異なる関わり方をする。そして，そのような関わり方の違いは，主節末における聞き手の言語的反応に違いを生じさせると考えられる。

4.4 接続助詞ケドの挿入用法および終助詞的用法と聞き手の言語的反応

これまでは，接続助詞ケドの用法のうち，従属節と主節によって構成される逆接用法，対比用法，前置き用法，提題用法という四つの用法について，従属節末と主節末における聞き手の言語的反応を見てきた。本節においては，ケド節が独立的に用いられる挿入用法と終助詞的用法について，ケド節の直後に見られる言語的反応について考察を行う。

4.4.1 挿入用法，終助詞的用法におけるケド節後の言語的反応の有無と種類

まず，挿入用法と終助詞的用法について，ケド節の直後に見られる言語的反応の有無について調べたものが図13である。

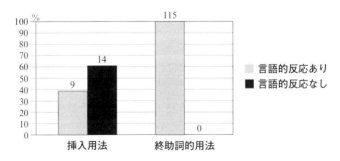

図13 言語的反応の有無（挿入用法，終助詞的用法）

言語的反応の有無に関して，4.3.1.1で見たように，前置き用法や提題用法の従属節末の後では「言語的反応あり」の割合が高い。この点で，図13の挿入用法や終助詞的用法の後に見られる聞き手の反応は，逆接用法や対比用法よりも前置き用法や提題用法に近いと言える。

　ただし，挿入用法に関しては，前置き用法や提題用法よりも「言語的反応なし」の割合が高い。先に述べたように，前置き用法や提題用法の従属節末に「あいづち」という言語的反応が多く見られるのは，ケドによって示される「対立」の関係がどのような想定間で実現するのかが不明瞭な状況にあって，後件の発話を明示的に求めることで，それを追求しようとする聞き手の態度の表れであると考えられる。挿入用法のケド節の後に同様の傾向が見られるのは，これらの用法との解釈過程の連続性を伺わせるが，挿入用法の場合には，後件に相当する部分が既に途中まで提示されているために，「言語的反応なし」の割合が高くなると考えられる。

　また，図13を見ると，終助詞的用法の場合には，すべての例において言語的反応が見られる。これも前置き用法や提題用法さらには他のすべての用法と異なる特徴である。この点については，そこで見られる言語的反応の種類を確認した上で，4.4.2において改めて考察を行う。

　挿入用法や終助詞的用法の後に見られる聞き手の言語的反応について，図13の「言語的反応あり」に着目して，その種類を調べたものが図14である。

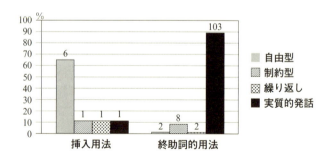

図14　言語的反応の種類（挿入用法，終助詞的用法）

図14を見ると，挿入用法に関しては自由型のあいづちが多く見られることがわかる。先に見た前置き用法や提題用法においても，従属節末の後には情報が未完結であることを表す自由型のあいづちが多く見られた。第2章において，挿入用法はケド節が独立的に用いられるという特徴はあるものの，本質的には前置き用法や提題用法と変わらないと述べたが，上に見た言語的反応の出現状況やその種類からもこのことが確認される。

　一方，終助詞的用法に関しては，他の用法と異なる特徴が見られる。図14を見ると，終助詞的用法の後には実質的発話が多く見られることがわかる。これは例えば次のようなものである。

　　（6）A：じゃ，こう，特に好きな女の子（の歌手）がいるということ
　　　　　　　ではない？
　　　　　B：あー，X（歌手名）とか好きだけど。
　　　　　A：あー，なんか詞が良いってみんな言うよね。

　例（6）のように，終助詞的用法の後には当該の発話を前提とした実質的発話が多く見られる。ここから，同じくケド節が独立的に用いられる挿入用法とは異なり，発話として完結しているとみなされていることがわかる。この点については白川（2009）でも「言い終わり」として同様のことが指摘されているが，聞き手の言語的反応からもこのことが確認される。

　また，終助詞的用法の後に実質的発話が見られる場合には，例（6）のように，発話者が交替するというターンの移行が見られた。終助詞的用法がターン・テーキングという談話展開の側面に関わることは佐藤（1993）においても指摘されているが，以下においては同じくターンの譲渡を示す他の形式と比較しつつ，終助詞的用法のターン・テーキングにおける特徴を明らかにする。

4.4.2 終助詞的用法とターン・テーキング
4.4.2.1 会話におけるターン・テーキングの特徴

はじめに，会話におけるターン・テーキングとはどのようなものであるかについて確認しておきたい。Sacks, Schegloff & Jefferson（1974）は会話におけるターン・テーキングについて次のことを指摘している（pp.700-701）。

①話し手の交替が繰り返し起こる。

②多くの場合，片方の参加者が話す。

③複数の参加者が同時に話すことが見られても，それはわずかな時間しか続かない。

④片方の参加者からもう片方の参加者へのターンの移行はよどみや重複なく行われる。

⑤ターンの順序は決まっておらず，変化する。

⑥ターンの長さは決まっておらず，変化する。

⑦会話の長さは予め決まっていない。

⑧参加者が何を言うかは予め決まっていない。

⑨ターンの分布は予め特定されていない。

⑩参加者の数は変わり得る。

⑪話は継続的であることもあれば非継続的であることもある。

⑫ターンの引き継ぎにはテクニックが存在する。現在の話し手が他の参加者に「質問」をするなど次のターンが指定されることもあれば，参加者が自分自身で判断して話し始めることもある。

⑬ターンを構成する単位は，1語のこともあれば複数の文のこともあるなど，様々である。

⑭ターン・テーキングの間違いや侵害が生じた際には，それを修復するシステムが存在する。

このようなターン・テーキングの特徴のうち，終助詞的用法に関わると

思われるのは⑫の「ターンの引き継ぎにはテクニックが存在する」という特徴である。⑫で述べられているように，Sacks, Schegloff & Jefferson（1974）によれば，ターンの引き継ぎの際には，現在の話し手によって次のターンが指定される場合（→例（7））とそうでない場合（→例（8））とがあるという。

（7）A：学部はどこですか？
　　　B：○○（学部名）です。

（8）A：昨日も○○（地名）行ってキャンプしてきたり ｜うん｜ とか，
　　　　　まあ適当に息抜きしながら（研究を）やってて，その代わり
　　　　　金をえらい使うようになってしまったというか ｜あー｜，学
　　　　　部の時より（経済的に）きつくて。
　　　B：いやー，やっぱり僕も金がないですね。この前も家賃滞納
　　　　　したんですよ。

　例（7）では，Aが「学部はどこですか？」という「質問」の発話をすることによって，明示的にターンの譲渡が行われているが，例（8）では，Aの発話が終了したことをうけてBがターンをとっており，ターンの譲渡が自然発生的に行われている。
　ここで接続助詞ケドの終助詞的用法について考えると，先に述べたように，終助詞的用法は談話の中でターンを譲渡する標識として働いている（佐藤1993）。以下においては終助詞的用法によるターンの譲渡にはどのような特徴があるのかを，同じくターンを譲渡する標識である「質問」（西原1991）と比較しつつ，明らかにする。

4.4.2.2　終助詞的用法によるターン・テーキングの特徴
　先に見たように，終助詞的用法も「質問」もどちらも相手にターンを譲渡する標識として働くが，両者の間にはどのような違いがあるのであろう

か。この点について考えるため、終助詞的用法と「質問」によって話し手から聞き手にターンが譲渡された後、それぞれどのようにして再びターンが返ってくるかに着目してみたい。

先に、ターンの受け継ぎの際には、それが明示的に行われる場合と自然発生的にターンの移行が行われる場合があるというSacks, Schegloff & Jefferson（1974）の指摘を見たが、終助詞的用法や「質問」によってターンが譲渡された後に、再びターンが返ってくる際にも、このいずれかのかたちで返ってくることになる。

自由談話では、終助詞的用法によって相手にターンを譲渡したものが115発話であり、「質問」によって譲渡したものが581発話であった。図15は相手に譲渡したターンがその後再び自分のところへ返ってくる際に、「質問」や「確認」など、ターン譲渡のための明示的な働きかけが相手からあったかどうかを調べたものである。

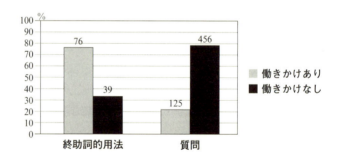

図15　ターンが再び返ってくる際の働きかけ表現の有無（終助詞的用法－質問）

図15を見ると、両形式間にはその後のターン・テーキングに関して、明確な違いがあることがわかる。すなわち、「質問」によってターンが譲渡された場合には、次の例（9）のように、相手がそれに対する「答え」を行うことによって、「質問」－「答え」といった隣接ペア（Schegloff & Sacks1972）が構成される。そしてその結果として、ターンが自分のところへ返ってくることになり、再び「質問」を行った側が談話を進めること

になる。

> （9）A：いつですか？口頭試問。_①（「質問」）
> 　　B：えっとですね，13日なんですよ。_②（「答え」）
> 　　A：<u>あ，うちは14（日）です。近いですね。</u>_③

　例（9）では，最初のＡの発話（下線部①）でＡからＢへのターンの譲渡
が行われているが，ＢがＡの「質問」に対して「答え」を行うことで（下
線部②），再びＡにターンが返っている（下線部③）。
　これに対して，終助詞的用法の場合には，再び自分のところへターンが
返ってくるのは多くの場合，例（10）や例（11）のように，相手が「質問」
や「確認」を行うなど明確なターンの譲渡を行った時になる。

> （10）A：外国語っていうので（日本語教育と英語教育は）共通してる
> 　　　　　から，似てるかも。多分読んでる，授業で扱うような文献
> 　　　　　とか同じじゃないかなと思うん<u>です</u>けど。
> 　　　B：あ，あ，じゃあ，あの，視点が違うというか，あの，外国
> 　　　　　から見てというか，あの，日本語の方を第二言語とした
> 　　　　　時っていうふうなことですか？（「質問」）
> 　　　A：そうです。
> 　　　B：あー｜うん｜，なるほど。

> （11）A：それ（外国人児童を取り出して指導すること）よりか，やっ
> 　　　　　ぱ，なんか，（教室の）中で，ね，中で学んでいく方がい
> 　　　　　いのかなあという気がするんだ<u>けど</u>。
> 　　　B：なんか，その，言語を知らないと，教科の内容がわかりま
> 　　　　　せんよね。（「確認」）
> 　　　A：あーまー，そうですね。
> 　　　B：そうしたら，やっぱり取り出して，別に指導していかない

といけないのかなと思うんです。

　上の例においては終助詞的用法によってAからBへターンが譲渡されているが，いずれの場合も，その後，再びAにターンが返る際には「質問」や「確認」といった明示的なターンの譲渡が行われている。すなわち，終助詞的用法によるターンの譲渡は，その後の談話の進め方を相手に委ねるかたちでのターンの譲渡であり，そのように談話展開を委ねられた相手が再びターンを返す際には明示的な指標を伴うことが多いと考えられる。このように，終助詞的用法と「質問」はともにターンの譲渡に関わるが，その後のターン・テーキングに関して違いが見られる。

4.4.2.3　終助詞的用法によるターン・テーキングと解釈過程との関わり

　上において，終助詞的用法の場合には，「質問」と異なり，その後の談話展開を相手に委ねるかたちでターンが譲渡されることを見た。では，何故，終助詞的用法はそのような特徴を持つのであろうか。「質問」との大きな違いは，終助詞的用法の場合には「～ケド。」という形式でターンが譲渡されているということであるが，次の例（12）の下線部のように，倒置的なケドの場合にも「～ケド。」という形でターンが譲渡されることがある。

　　（12）　A：なんだろう，この調査。
　　　　　　B：なんかもらえるんすかね，これ。
　　　　　　A：いや，たぶんもらえないんじゃないです？
　　　　　　B：そうなん？
　　　　　　A：どうだろう，もらえるんかな？別に物のためにやってるわけじゃないけど。
　　　　　　B：あー，僕はなんかあるかなーと思って。
　　　　　　A：うーん，何をしゃべったらいいんかなー。

もし，先に見たようなターン・テーキングに関する特徴が「〜ケド。」という形式でターンが譲渡されることのみによって生み出されているのであれば，例（12）のように倒置的なケドによってターンが譲渡された場合も，その後のターン・テーキングに関して先の図15で見た終助詞的用法と同様の結果が得られると予想される。このことについて検証するために，倒置的なケドによってターンが譲渡された場合の，その後のターン・テーキングについて，先と同様の調査を行った結果が図16である。

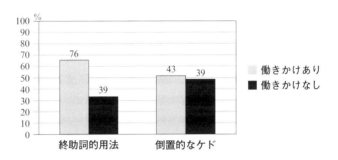

図16　ターン譲渡後，再びターンが返ってくる際の働きかけ表現の有無（終助詞的用法－倒置的なケド）

　図16からわかるように，同じく「〜ケド。」という形でターンが譲渡されていても，その後，再びターンが返ってくる際の働きかけ表現の有無に関して，倒置的なケドの場合には終助詞的用法のような顕著な違いは見られない。ここから，「その後の談話展開を委ねる」というターン・テーキングの特徴は「〜ケド。」という形式でターンが譲渡されることのみによって生じるものではないということがわかる。
　では，上に見たような終助詞的用法のターン・テーキングに関する特徴はどこから生じるのであろうか。これには第2章で見た終助詞的用法の解釈過程の特徴が関わると考えられる。2.2.1.6で述べたように，終助詞的用法においては「後件を発話しない」ということ自体が「行使中のターンを放棄して，その後の会話のイニシアティブを相手に渡す」というメッセージを聞き手に伝達することになる。上に見た，その後の談話展開を相手に

第4章　聞き手の言語的反応と接続助詞ケドの関わり　167

委ねるかたちでターンを譲渡するという終助詞的用法の特徴は，このような解釈過程の特徴と密接に関わるものであり，「会話のイニシアティブを相手に渡す」というメッセージが聞き手に伝達されることによって生じるものであると考えられる。

4.5　本章のまとめ

　本章においては，接続助詞ケドが談話中で用いられる場合の各用法と聞き手の言語的反応との関わりを明らかにした。本章で明らかにしたように，接続助詞ケドの従属節末と主節末における聞き手の言語的反応は，異なる統語的機能を持つ接続助詞タラとは異なる傾向が見られる。

　また，従属節末における聞き手の言語的反応に関しては，接続助詞ケドの用法間において異なる傾向が見られた。ケドによって表される「対立」の関係がどのような想定間で実現するかが不明瞭な前置き用法や提題用法においては，「あいづち」という言語的手段によって後件の発話を明示的に求めることで，それを追求しようとする聞き手の働きかけが見て取れた。そして，そこで用いられるあいづちは，後件から顕在化するであろう想定を確実に抑制しようとする話し手の意図を反映するように，前件の確実な理解や共感を相手に伝える形式のあいづちであった。

　ケド節が独立して用いられる挿入用法においても，本質的に同様の解釈過程を持つ前置き用法や提題用法の従属節（ケド節）末と類似の反応が見られた。一方，終助詞的用法に関しては，他の用法と異なる特徴を持ち，終助詞的用法の後では相手にターンが譲渡され，実質的発話が生起するという展開が見られた。従来指摘されてきたように，終助詞的用法は，「質問」と同様，ターンを相手に譲渡することを示す働きをするが，その後の談話展開に着目すると，終助詞的用法の場合には，その後の談話展開を相手に委ねるというかたちでのターンの譲渡であることがわかった。このようなターンの譲渡は終助詞的用法の解釈過程で生じる「会話のイニシアティブを相手に渡す」というメッセージが聞き手に伝達されることによって生じるものであると考えられる。

以上のように，接続助詞ケドの各用法は談話中で様々な言語的反応を聞き手に生じさせるが，それらは各用法が談話展開上で果たす役割およびそれぞれの解釈過程と密接に関わると考えられる。

終　章

　本書においては，談話における接続助詞の機能を解明するために，二つの研究課題を設定して分析・考察を行った。以下にそれぞれの課題について，本書で明らかになったことをまとめる。

【研究課題①】接続助詞の用法間にはどのような関係が存在するか。
　第1章で，従来，様々に分類されてきた接続助詞ケドの用法について整理した後，第2章では関連性理論による伝達と理解の枠組みを用いて発話場面に着目して考察を行うことで，それらの用法間の関係を明らかにした。まず，接続助詞ケドの各用法が用いられる文脈に着目することで，接続助詞ケドの前件と後件との間には互いに両立しえないという「対立」の関係が存在することを指摘した。そのような「対立」の関係は，想定間の確信度の強さに応じて，解釈の過程でどちらか一つの想定が排除されることで解消されることになるが，その際には以下のような「棄却」と「抑制」という二つのタイプがあると考えられる。

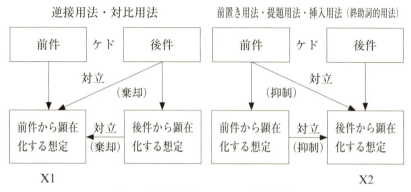

図1 接続助詞ケドの二つの解釈過程

　ただし，これら二つの解釈過程は予め決められた固定的なものではなく，「対立」という接続助詞ケドが持つ本質的な機能をもとに，当該の文脈において，どのような想定がどのように「排除」されるか（「棄却」あるいは「抑制」）によって分化するという連続的な関係にある。

【研究課題②】接続助詞の各用法を規定する接続関係は談話展開にどのように反映されるか。
　本書では「トピック展開」と「聞き手の言語的反応」という談話の側面に接続助詞ケドの各用法がどのように関わるかについて，分析・考察を行った。
　第3章では，トピック展開に関して，談話の形成に時間的な制約が存在する「自由談話」と談話が形成される際に表現や構成を推敲する時間がある「社説」という2種類の談話を分析することで，共通して見られるトピック展開への関わり方の特徴と個別の特徴とを明らかにした。両談話に共通して，逆接用法や対比用法はトピックの開始位置にはほとんど見られないのに対して，前置き用法や提題用法はトピックの開始に関わることが明らかになった。これは第2章で明らかにしたそれぞれの用法の解釈過程を反映した結果であると言える。その一方で，接続助詞ケドの各用法には，各

談話に特有の関わり方も見られたが，そのような関わり方も，各用法の接続関係の特徴と各談話の性格によって生じるものであることを指摘した。

　また，トピックを構成する要素との関わりについて，接続助詞ケドの各用法と「社説」を構成するコメント文，非コメント文との関わり方にはそれぞれ特徴があることが明らかになった。逆接用法と対比用法は非コメント文，前置き用法はコメント文とそれぞれ関わる傾向があるが，提題用法はどちらのタイプの文ともひとしく関わる。そして，そのような関わり方の違いも，各用法の「対立」関係が解消される際の「排除」のあり方（「棄却」あるいは「抑制」）や「排除」される想定の種類の違いによって生じるものであると考えられる。

　第4章では，聞き手の言語的反応との関わりに関して，まず，接続助詞ケドの従属節末と主節末における聞き手の言語的反応は構文的特徴を反映しており，異なる統語的機能を持つ接続助詞タラとは異なる傾向が見られることを明らかにした。また，接続助詞ケドの用法間においても異なる傾向が見られ，「対立」の関係がどのような想定間で実現するかが不明瞭な前置き用法や提題用法においては，「あいづち」によって後件の発話を明示的に求めることで，それを追求しようとする聞き手の様子が見て取れた。ケド節が独立して用いられる挿入用法においても，本質的に同様の解釈過程を持つ前置き用法や提題用法の従属節末と類似の反応が見られたが，終助詞的用法に関しては他の用法と異なる特徴を持ち，終助詞的用法の後では相手にターンが譲渡されるという展開が見られた。そして，その後のターンの移行に着目すると，終助詞的用法によるターンの譲渡はその後の談話展開を相手に委ねるというかたちでのターンの譲渡であることがわかった。すなわち，接続助詞ケドの各用法は，それぞれの用法が談話展開上で果たす役割および解釈過程を反映して談話中で様々な言語的反応を聞き手に生じさせ，それらの言語的反応との相互作用の中で成立していると言える。

　本書で明らかにしたように，個々の発話は文脈の中で解釈されるとともに，トピックの展開や聞き手との相互作用を生み出す。本書で明らかにし

たような接続助詞ケドの解釈過程と談話展開に関する特徴が他の種類の談話においても見られるのか，他の接続助詞においてはどのような関わり方が見られるのかなど，今後取り組むべき課題も多く残されているが，本書で示した視点が，発話解釈と談話展開の関わりを捉える上での一助となれば幸いである。

用 例 出 典

鈴木雅恵（1999）『日本語におけるスピーチレベルシフトについての研究』広
　　島大学大学院教育学研究科修士論文
妹尾河童（1998）『河童が覗いた仕事師12人』新潮社
山口洋子（1988）『山口洋子の愛情対談』講談社

参 考 文 献

石黒圭（1999）「逆接の基本的性格と表現価値」『国語学』（198），pp.114-
　　129，国語学会
伊藤享介（2005）「接続助詞ケドの諸用法の統一的説明」『名古屋大学国語国
　　文学』（96），pp.102-116，名古屋大学国語国文学会
今尾ゆき子（1994）「「ケレド」と「ノニ」の談話機能」『世界の日本語教育
　　日本語教育論集』（4），pp.147-163，国際交流基金日本語国際センター
梅原恭則（1989）「助詞の構文的機能」北原保雄（編）『講座日本語と日本語
　　教育4日本語の文法・文体（上）』，pp.302-326，明治書院
榎本美香（2003）「会話の聞き手はいつ話し始めるか：日本語の話者交替規
　　則は過ぎ去った完結点に遡及して適用される」『認知科学』10（2），
　　pp.291-303，日本認知科学会
榎本美香（2007）「発話末要素の認知と相互作用上の位置づけ」串田秀也・定
　　延利之・伝康晴（編）『文と発話3：時間の中の文と発話』，pp.203-229，
　　ひつじ書房
大浜るい子（2006）『日本語会話におけるターン交替と相づちに関する研究』
　　渓水社
大浜るい子（2009）「接続助詞ケドの用法間の関係再考」『広島大学日本語教
　　育研究』（19），pp.1-9，広島大学大学院教育学研究科日本語教育学講座
尾谷昌則（2005）「接続詞ケドの手続き的意味」『語用論研究』（7），pp.17-
　　30，日本語用論学会

金井典子（1996）「含意の「が」とその慣用化—ポライトネスの観点から」『雲雀野（豊橋技術科学大学人文科学系紀要）』（18），pp.99-109，豊橋技術科学大学

亀田千里（1998）「接続助詞「が」の提題用法について」『日本語と日本文学』（26），pp.1-9，筑波大学国語国文学会

小出慶一（1984）「接続助詞ガの機能について」『アメリカ・カナダ十一大学連合日本研究センター紀要』（7），pp.30-44，アメリカ・カナダ十一大学連合日本研究センター

国立国語研究所（1951）『国立国語研究所報告3　現代語の助詞・助動詞—用法と実例—』秀英出版

国立国語研究所（1960）『国立国語研究所報告18　話しことばの文型（1）—対話資料による研究—』秀英出版

小宮千鶴子（1986）「相づち使用の実態—出現傾向とその周辺—」『語学教育研究論叢』（3），pp.43-62，大東文化大学語学教育研究所

才田いずみ・小松紀子・小出慶一（1984）「表現としての注釈—その機能と位置づけ—」『日本語教育』（52），pp.19-31，日本語教育学会

佐久間まゆみ（1992）「接続表現の文脈展開機能」『日本女子大学紀要　文学部』41，pp.9-22，日本女子大学

佐久間まゆみ・杉戸清樹・半澤幹一（1997）『文章・談話のしくみ』おうふう

佐藤勢紀子（1993）「言いさし「…が/けど」の機能　—ビデオ教材の分析を通じて—」『東北大学留学生センター紀要』（1），pp.39-48，東北大学留学生センター

柴谷方良（1990）「主題と主語」近藤達夫（編）『講座日本語と日本語教育12言語学要説（下）』，pp.97-126，明治書院

白川博之（1995）「理由を表さない「カラ」」仁田義雄（編）『複文の研究（上）』，pp.189-219，くろしお出版

白川博之（1996）「「ケド」で言い終わる文」『広島大学日本語教育学科紀要』（6），pp.9-17，広島大学教育学部日本語教育学科

白川博之（2009）『「言いさし文」の研究』くろしお出版

杉戸清樹（1987）「発話のうけつぎ」『国立国語研究所報告92　談話行動の諸相—座談資料の分析—』，pp.68-106，三省堂

杉戸清樹・沢木幹栄（1979）「言語行動の記述—買い物行動における話しこと

ばの諸側面—」南不二男（編）『言語と行動』，pp.271-319，大修館書店

杉藤美代子（1993）「効果的な談話とあいづちの特徴及びそのタイミング」『日本語学』12（4），pp.11-20，明治書院

田中豊蔵（1988）「論説の視点と文章表現」馬場博治・植条則夫（編）『マスコミ文章作法』，pp.81-89，創元社

陳姿菁（2000）「日本語の談話におけるあいづちの類型とその仕組み」『日本語教育』（108），pp.24-33，日本語教育学会

中井陽子（2004）「話題開始部／終了部で用いられる言語的要素—母語話者及び非母語話者の情報提供者の場合—」『講座日本語教育』40，pp.3-26，早稲田大学日本語研究教育センター

永田良太（2000）「接続助詞カラの用法間の関係について—発話解釈の観点から—」『日本語教育』（107），pp.36-44，日本語教育学会

永田良太（2002a）「自由談話における接続助詞ケド—接続機能と談話展開の関わりについての一考察—」『広島大学教育学研究科紀要　第二部（文化教育開発関連領域）』（50），pp.265-272，広島大学大学院教育学研究科

永田良太（2002b）「社説における接続助詞ガ」『教育学研究紀要　第二部』47，pp.325-330，中国四国教育学会

永田良太（2009）「複文発話の構文的特徴と聞き手の言語的反応との関わり—ケド，タラ，カラを中心に—」『日本語科学』25，pp.5-22，国立国語研究所

永田良太（2010）「接続助詞ケドの発話解釈過程と聞き手の言語的反応との関わり」『鳴門教育大学研究紀要』25，pp.251-260，鳴門教育大学

永田良太・大浜るい子（2001）「接続助詞ケドの用法間の関係について—発話場面に着目して—」『日本語教育』（110），pp.62-71，日本語教育学会

永田良太・茂木俊伸（2007）「接続助詞のスタイルをどう捉えるか—母語話者の意識調査とコーパスの分析から—」『語文と教育』（21），pp.109-116，鳴門教育大学国語教育学会

西田直敏（1977）「助詞（1）」『岩波講座 日本語7　文法Ⅱ』pp.191-289，岩波書店

西原鈴子（1985）「逆接的表現における三つのパターン」『日本語教育』（56），pp.28-38，日本語教育学会

西原鈴子（1991）「会話のturn-takingにおける日常的推論」『日本語学』10

（10），pp.10-18，明治書院

野口広彰・片桐恭弘・伝康晴（2000）「あいづち挿入行動の実験的分析」『言語・音声理解と対話処理』（28），pp.7-12，人工知能学会

橋内武（1988）「会話のしくみを探る」『日本語学』7（3），pp.43-51，明治書院

朴丹香（1989）「現代日本語の接続助詞の機能について―いわゆる逆接の接続助詞「けれども（が）」と「のに」の意味と用法をめぐって」『岡大国文論稿』（17），pp.101-112，岡山大学文学部国語国文学研究室

藤原彰彦・正木信夫（1998）「調音位置および調音様式の発話潜時への影響」『電子情報通信学会技術研究報告. SP, 音声』97（504），pp.1-8，電子情報通信学会

堀口純子（1988）「コミュニケーションにおける聞き手の言語行動」『日本語教育』（64），pp.13-26，日本語教育学会

堀口純子（1997）『日本語教育と会話分析』くろしお出版

前田直子（1995）「ケレドモ・ガとノニ・テモ―逆接を表す接続形式―」仁田義雄・宮島達夫（編）『日本語類義表現の文法（下）複文・連文篇』，pp.496-505，くろしお出版

松田陽子（1988）「対話の日本語教育学―あいづちに関連して―」『日本語学』7（13），pp.59-66，明治書院

松本哲洋（1989）「接続助詞「が」の用法に関する一考察」『麗澤大学紀要』49，pp.205-214，麗澤大学

丸山直子（1996）「話しことばにおける文」『日本語学』15（9），pp.50-59，明治書院

水谷信子（1984）「日本語教育と話しことばの実態―あいづちの分析―」金田一春彦博士古稀記念論文集編集委員会（編）『金田一春彦博士古稀記念論文集 第2巻 言語学編』，pp.261-279，三省堂

水谷信子（1988）「あいづち論」『日本語学』7（13），pp.4-11，明治書院

水谷信子（2001）「あいづちとポーズの心理学」『言語』30（7），pp.46-51，大修館書店

南不二男（1974）『現代日本語の構造』大修館書店

南不二男（1993）『現代日本語文法の輪郭』大修館書店

三原嘉子（1995）「接続助詞ケレドモの終助詞的用法に関する一考察」『横浜

国立大学留学生センター紀要』（2），pp.79-89，横浜国立大学留学生セン
ター

宮内佐夜香（2007）「江戸語・明治期東京語における接続助詞ケレド類の特徴
と変化―ガと対比して―」『日本語の研究』3（4），pp.1-16，日本語学会

村上恵・熊取谷哲夫（1995）「談話トピックの結束性と展開構造」『表現研究』
（62），pp.101-111，表現学会

メイナード・K・泉子（1987）「日米会話におけるあいづち表現」『言語』16
（11），pp.88-92，大修館書店

森田良行（1980）『基礎日本語2』角川書店

森野宗明（1967）「助詞のすべて　接続助詞〈が〉」『国文学』12（2），pp.70-
72，学燈社

山崎深雪（1998）「接続助詞ガの談話機能について」『広島大学教育学部紀要
第二部』（47），pp.229-238，広島大学教育学部

山田富秋（1990）「会話分析を始めよう」好井裕明・山田富秋・西阪仰（編）『会
話分析への招待』，pp.1-35，世界思想社

楊虹（2005）「日本語母語場面の会話に見られる話題開始表現」『人間文化論叢』
8，pp.327-336，お茶の水女子大学

渡部学（1995）「ケド類とノニ―逆接の接続助詞―」仁田義雄・宮島達夫（編）
『日本語類義表現の文法（下）複文・連文篇』，pp.557-564，くろしお出版

Brown, G. and Yule, G.（1983）*Discourse Analysis*. Cambridge: Cambridge
University Press.

Brown, G. and Levinson, S. C.（1987）*Politeness: Some Universals in Language
Usage*. Cambridge: Cambridge University Press.

Grice, H. P.（1975）Logic and Conversation. In C. Morgan（ed.）*Syntax and
Semantics.3 Speech Acts*. 41-58，Academic Press.

Halliday, M. A. K. and Hasan, R.（1976）*Cohesion in English*. Longman.　安藤
貞雄・多田保行・永田龍男・中川憲・高口圭轉（訳）（1997）『テクスト
はどのように構成されるか』ひつじ書房

Itani, R.（1996）*Semantics and Pragmatics of Hedges in English and Japanese*，ひ
つじ書房

Levinson, S. C.（1983）*Pragmatics*. Cambridge: University Press.　安井稔・
奥田夏子（訳）（1990）『英語語用論』研究社

Maynard, S. K.（1996）Presentation of one's View in Japanese Newspaper Columns: Commentary Strategies and Sequencing. *TEXT* 16, 391-421.

Maynard, S. K.（1998）Understanding and Teaching Japanese Discourse Principles：A Case of Newspaper Columns, 『世界の日本語教育』8, 67-86.

Sacks, H., Schegloff, E. A. and Jefferson, G.（1974）A Simplest Systematics for the Organization of Turn-Taking for Conversation, *Language* 50（4）, 696-735.

Schegloff, E. and Sacks, H.（1972）Opening up Closings. *Semiotica* 7, 289-327. 北澤裕・西阪仰（訳）（1995）「会話はどのように終了されるのか」『日常性の解剖学』, 177-241, マルジュ社

Schegloff, E.A.（1982）Discourse as an Interactional Achievement: Some Uses of 'uh huh' and Other Things that come between Sentences, In Tannen, D.（ed.）*Analyzing Discourse: Text and Talk*, 71-93, Georgetown University Press.

Sperber, D. and Wilson, D.（1986）*Relevance:Communication and Cognition*. Oxford: Blackwell. 内田聖二・中逹俊明・宋南先・田中圭子（訳）（1993）『関連性理論―伝達と認知―』研究社

Tanaka, H.（1999）*Turn-Taking in Japanese Conversation: A Study in Grammar and Interaction*, John Benjamins.

謝　辞

　本書は平成14年3月に広島大学に提出した学位論文「談話に基づく接続助詞ケドの機能に関する研究」をもとに，その後の研究成果を加筆してまとめたものです。具体的には，本書における各章は以下に示すような学位論文の構成論文およびその他の論文にもとづいています。

第1章　〇永田良太・茂木俊伸（2007）「接続助詞のスタイルをどう捉えるか—母語話者の意識調査とコーパスの分析から—」『語文と教育』（21），pp.109-116，鳴門教育大学国語教育学会

第2章　〇永田良太（2000）「接続助詞カラの用法間の関係について—発話解釈の観点から—」『日本語教育』（107），pp.36-44，日本語教育学会
　　　　〇永田良太・大浜るい子（2001）「接続助詞ケドの用法間の関係について—発話場面に着目して—」『日本語教育』（110），pp.62-71，日本語教育学会

第3章　〇永田良太（2002）「自由談話における接続助詞ケド—接続機能と談話展開の関わりについての一考察—」『広島大学教育学研究科紀要　第二部（文化教育開発関連領域）』（50），pp.265-272，広島大学大学院教育学研究科
　　　　〇永田良太（2002）「社説における接続助詞ガ」『教育学研究紀要第二部』47，pp.325-330，中国四国教育学会

第4章　〇永田良太（2009）「複文発話の構文的特徴と聞き手の言語的反応との関わり—ケド，タラ，カラを中心に—」『日本語科学』25，pp.5-22，国立国語研究所
　　　　〇永田良太（2010）「接続助詞ケドの発話解釈過程と聞き手の言語的反応との関わり」『鳴門教育大学研究紀要』25，pp.251-

260. 鳴門教育大学

　これらの論文を執筆するに際し，共著者の大浜るい子先生，茂木俊伸先生には，研究の構想段階から仕上げに至るまで，苦労をともにしていただきました。特に，大浜るい子先生には卒業論文から学位論文に至るまで，そして大学院修了後も，いつも温かくご指導いただき，本当に感謝しております。学位論文をまとめるに際して，学位論文審査委員会の主査である水町伊佐男先生ならびに副査である沼本克明先生，縫部義憲先生，白川博之先生にはそれぞれの御専門の領域から多くの御指導と御助言を賜りました。大学院生時代に行われていた授業「言語学講座統合研究」では松見法男先生，酒井弘先生，そして参加者の皆様から貴重な御意見を賜りました。また，談話を採集するに際して，快く協力してくださった皆様には，お忙しい中，貴重な時間を割いていただきましたことに感謝しております。本書の出版にあたっては，渓水社の木村逸司さんと木村斉子さんに大変お世話になりました。御指導いただいた先生方ならびに御協力いただいた皆様に対して，改めて感謝申し上げます。

　なお，本書は独立行政法人日本学術振興会の平成28年度科学研究費助成事業（科学研究費補助金）（研究成果公開促進費）の助成を受けて刊行したものです。

　最後に，本書の執筆に際して，励まし，支えてくれた友人達や家族に感謝の意を表します。

2016年12月　　　　　　　　　　　　　　　　　　永田　良太

索　引

【あ行】

あいづち詞　133, 134

改まり度　23, 25

言い換え　133

意図明示的伝達　44

イニシアティブ　66, 167, 168

うなずき　132

A類の従属句　143, 147

演繹規則　37, 41, 43

演繹的推論　38

【か行】

ガ　4, 20, 22, 25

開始位置　90

開始部　88, 113

解釈過程　5, 45, 67, 77, 134, 168

解説型　114

概念的表現　132

会話の協調原則（cooperative principle）
39

書き言葉的　22, 25

確信度　40, 68, 171

確認　165

カテゴリー　53

カラ　73, 77, 141, 146

含意　38

感声的表現　132

間投助詞　137, 138

関連性（relevance）　39, 42, 43

関連性の原則（principle of relevance）
43, 44

関連性理論　5, 28, 36, 41, 45, 171

聞き手の言語的反応　5, 131, 134, 136, 168,
173

棄却　40, 49, 52, 69, 171

逆接用法　8, 11, 45, 49, 97, 111, 120, 122,
125, 130

強化　28, 29, 40

Grice　39, 42, 44

繰り返し　133

ケド　4, 10, 23, 25, 33, 141, 146

ケド節　60, 64, 66, 159

ケドモ　4, 20, 23, 25

ケレド　4, 20, 23, 25

ケレドモ　4, 20, 22, 25

言語的な反応　132

言語的反応の有無　135, 160

言語的反応の種類　136, 145

顕在化　48, 52, 56, 58

語彙の意味的連関性　82, 86

後件　12, 13, 15, 49, 52, 58, 68, 136

後続文脈　3

コメント文　5, 123, 124, 173

【さ行】

再出型　90, 92, 101

最適な関連性（optimal relevance）　36,
44, 71, 72

Sacks, Schegloff & Jefferson　162, 163

C類の従属句　144, 147

Schegloff & Sacks　89, 164

実質的発話　133, 134

質問　163, 164, 165
社説　5, 112, 122, 130, 172
自由型のあいづち　133, 138
終結位置　90
終結部　90, 113
終助詞的用法　8, 19, 62, 109, 111
従属節末　5, 131, 135, 168
従属度　144, 145
自由談話　5, 88, 111, 130, 172
主節末　5, 131, 135, 168
主要位置　97
主要部　90, 114
情報的な価値関係　140
情報の完結性　132, 148
処理労力（processing effort）　37, 40, 43, 72
新出型　90, 91, 101
推論　37, 72
Sperber & Wilson　35, 39, 42, 44
制約型のあいづち　133
接続関係　3, 130
接続機能　3, 4
接続助詞　3, 4, 7, 134, 144
前件　12, 13, 15, 49, 52, 58, 68, 136
先行文脈　3, 29
前接要素　24, 25
相互作用　5
想定　37, 49, 52, 56, 58
挿入用法　8, 18, 60, 105, 111

【た行】
ターン　66
ターン・テーキング　19, 161, 162, 167
ターンの譲渡　163, 168, 173
対比用法　8, 13, 49, 97, 111, 120, 122, 125, 130

題目　57, 58
対立　68, 168, 171, 172, 173
対立型　115
対立関係　70, 71
タラ　141, 146
単独型　140, 147
談話展開　3, 4, 5, 33, 104, 166, 168, 173
談話の結束性　82
談話レベル　4, 33, 81
使い分け　21
強い想定　40
提題用法　8, 16, 57, 100, 111, 121, 122, 127, 130
丁寧さ　19, 65, 66
倒置　18
倒置的なケド　95, 107, 167
トピック　81, 83, 94, 106
トピック展開　5, 88, 111, 158, 172
トピックの関連性　105, 108
トピックの展開構造　5, 86, 93, 116

【な行】
ナチュラルなロジック　9, 11
認知環境　40
ネガティブ・フェイス　19, 65
ノニ　10, 11

【は行】
排除　69, 70, 171, 172, 173
配慮　14, 15, 77
派生型　90, 91, 101
発話　36
発話解釈　38
発話行為　19

発話の意味　37

発話の構文的特徴　150

発話場面　5, 13, 45, 52

話し言葉的　22, 25

場の改まり度　23

反復型　140, 147

B類の従属句　144, 147

非言語的な反応　132

非コメント文　5, 123, 124, 173

非明示的　66, 68, 69

フェイス　65, 122

複文発話　134

Brown & Levinson　19, 65

文　36

文体的特徴　5

文の改まり度　23

文の階層構造　143

文脈　13, 30, 41

文脈含意　39, 43

文脈効果（contextual effect）　37, 39, 43

文脈の拡張　41

文レベル　4, 33, 81

ポジティブ・フェイス　65, 66, 77, 105

ポライトネス理論　19

【ま行】

前置き用法　8, 15, 55, 100, 111, 121, 122,
　127, 130

【や行】

用法　5, 7, 8, 11, 35

用法間の関係　26, 30, 33, 35, 45, 171

抑制　56, 58, 69, 73, 171

呼び出し可能性（accessibility）　41, 47,
　49, 52, 60, 71, 120

弱い想定　40

【ら行】

隣接ペア　164

累加型　114

連続性　5

【わ行】

笑い　132

索　引　185

著者略歴

永田　良太（ながた　りょうた）

1974年　長崎県生まれ
1996年　広島大学教育学部日本語教育学科卒業
2002年　広島大学大学院教育学研究科日本言語文化教育学専攻博士課程
　　　　後期修了　博士（教育学）

広島大学大学院教育学研究科助手，鳴門教育大学大学院学校教育研究科
准教授を経て，現在，広島大学大学院教育学研究科准教授

接続助詞ケドの発話解釈過程と談話展開機能

2017年1月26日　発　行

著　者　永田　良太
発行所　株式会社　溪水社
　　　　広島市中区小町1-4（〒730-0041）
　　　　電話 082-246-7909　FAX 082-246-7876
　　　　e-mail：info@keisui.co.jp
　　　　URL：www.keisui.co.jp

ISBN978-4-86327-376-4 C3081